Con el título de *Actuar para el cine* este libro fue registrado en © 1990, 1997, por Aplause Theatre Book Plublishers y lo editó Plot Ediciones por primera vez en mayo de 2003 con la traducción de Marta Heras. Publicamos esta segunda edición corregida en abril de 2021 por mediación de la agencia Rowman & Littlefield. Esta edición tiene todos los derechos reservados desde 2020 por Plot Ediciones S. L., que tiene su domicilio social en Madrid. El libro que tiene en las manos está registrado en Madrid (España) y está impreso por Kadmos en Salamanca, 34 años después de que Michael Caine ganara el Oscar con *Hannah y sus hermanas* donde, gracias a unos versos de ee cummings, roba el corazón a cualquiera. El papel interior de la primera impresión de esta edición es coral book ivory de 90 g, 100% procedente de bosques gestionados de acuerdo con los criterios de sostenibilidad. y las tipografías empleadas han sido la tipografía romana del siglo XVI Garamond en los interiores y la tipografía Freight Display diseñada por Joshua Darden para los textos de cubierta y sobrecubierta. Esta nueva edición de *Actuar en el cine* ha sido registrada en la agencia ISBN con el código 978-84-86702-90-8 a través de la plataforma DILVE y en el Depósito Legal de Madrid con el número M-2053-2021. La edición la catalogamos según el índice de materias Thema como ATFA de Historia del cine y ATC de Actores y artistas individuales, que equivalen a las materias del antiguo estándar IBIC de APFA de Teoría y crítica cinematográficas y APB de Actores e intérpretes. El diseño de esta nueva colección de Plot Ediciones en 2019 es de Marta García, quien también ha sido maquetadora y diseñadora de esta nueva edición. Para la imagen de sobrecubierta hemos contado con un fotograma de *Funeral en Berlín* © Paramount, película dirigida por Guy Hamilton en 1966. En Plot defendemos y buscamos libros con los que nos gustaría pasear en los bolsillos, para poder recomendarlos a toda la gente con la que nos crucemos. Nos decidimos por *Actuar para el cine* cansados del gusto por la receta meramente técnica de los manuales de interpretación y valorando los consejos y experiencias de un actor de la talla de Michael Caine. Pensamos que lo disfrutarán tanto profesionales o aspirantes a serlo, como aficionados: creemos que cada lector puede sacar las enseñanzas que su propia lectura le aporte, sin necesidad de mágicas

Actuar para el cine

Michael Caine

Actuar para el cine

Edición de Maria Aitken
Traducción de Marta Heras

PLOT

Índice

Introducción

«Actuar no solo es algo más que un trabajo a media jornada, es algo más que un trabajo a jornada completa. Es una obsesión a jornada completa. Menos de eso y te quedarás corto»

Su audición para el cine empezó el día en que nació. Si acaba usted en la pantalla, es porque *algo* ha hecho bien desde la cuna... y muchísimo antes de llegar al despacho del productor.

No hay una trayectoria de éxito que garantice entrar en el cine, ni una ruta única hasta Hollywood. No hay un libro de lectura obligatoria, ni un café donde tenga que sentarse. Su actuación en todas las esferas públicas forma parte de su prueba de pantalla. Si está en un bar en el que nadie le ha visto nunca, el camarero le está haciendo una audición. Él sabe que la hermana de la mujer de ese cliente estirado que viene los martes por la noche a última hora a tomarse una copita rápida es la encargada de maquillaje en una comedia. Si lleva a su hija pequeña al colegio bajo la lluvia, está siendo controlado por la guardia que vigila el paso de peatones, que luego se cambia de ropa y trabaja como secretaria a media jornada de un productor del off-Broadway. No es posible saber cuándo o cómo las personas con las que se encuentra van a poner repentinamente en marcha la reacción en cadena que desembocará en su oportunidad.

Si cree que las audiciones solo tienen lugar en el despacho de un productor, es posible que nunca reciba esa llamada. Porque, básicamente, el mundo está dividido en dos clases de personas: las que creen que tienen éxito todos los días, independientemente de las «críticas» que reciban, y aquellas que nunca tendrán éxito, por muy alto que lleguen y por muchas estatuillas que tengan en la repisa de la chimenea. Ahora bien, no le estoy aconsejando que se acicale y vaya pavoneándose a sacar la basura. Pero sepa que los desperdicios de hoy podrían acabar convirtiéndose en el oro de mañana.

Y tampoco hay que dejar de hacer campaña simplemente por haberlo conseguido. Recuerdo cuando hice una película con Shirley MacLaine, *Ladrona por amor*. Un autobús de los que hacen el recorrido por los estudios frenó de forma bastante brusca mientras los actores estaban cruzando el terreno del estudio. Los admiradores salieron en tropel del autobús. El conductor estaba intentando acorralar a los actores para que firmáramos autógrafos antes de entrar, pero la mayoría de mis colegas escapó de la multitud por una puerta lateral. Yo, en cambio, sabía que el conductor del autobús tenía que hacer su trabajo, y estaba resuelto a hacerle quedar bien. Firmé todos los autógrafos de aquel autobús. Nada del otro mundo, ¿verdad? Hasta que sepa que el joven conductor de ese autobús resultó ser el agente Mike Ovitz. ¿Entiende a qué me refiero?

En el firmamento de los actores no había un lugar asignado para la gente como yo. Hoy en día casi cualquiera consigue llegar a lo más alto si lo comparamos con las oportunidades que tuve hace décadas. Bueno, tampoco debería decir que fuera algo tan inaudito. A Richard Burton y a Peter Sellers no les ha ido tan mal, ¿verdad? Por no hablar de mi amigo Sean Connery. Parece que se las arregla para mantener a raya a los acreedores.

Cuando les dije a mis amigos que iba a ser actor, todos tuvieron más o menos las mismas palabras de aliento para mí: «¿Qué es lo que vas a hacer? ¿Barrer el escenario?». Ninguno de nosotros había conocido nunca a nadie que hubiera ido a la escuela de arte dramático. Ni siquiera estoy seguro de que supiéramos que existían lugares así... y mucho menos conocíamos a nadie que se hubiera abierto camino hasta la gran pantalla.

Permítanme hacer un breve repaso de mi historial profesional antes de conseguir mi primer papel. A ver qué piensan de mis oportunidades. Había trabajado en una lavandería. Había hecho un trabajillo en un almacén de té. Trabajé con taladros neumáticos en la carretera. Fui portero de noche en un hotel. Lavé los platos en todos los restaurantes caros. Recuerdo que en algún momento fabriqué joyeros. Y fui soldado.

No me dedicaba a documentarme sobre los papeles, ni a meterme en la cabeza de mis personajes, preparar a fondo sus antecedentes psicológicos y sentir su dolor. Nadie me invitó a entrar en el Actor's Studio. Yo pagaba mi alquiler. A la gente le cuesta mucho comprenderlo cuando digo que a los veintinueve años estaba sin blanca, que literalmente no tenía el dinero para pagarme un plato de espaguetis en la casa de comidas de la esquina. Creen que estar sin blanca es que solo te queden un par de miles de dólares en el banco. Yo llevaba el banco en el bolsillo y mi cuenta corriente estaba llena de pelusilla.

Probablemente tenga usted estudios superiores. Pues bien, para mí y para mis padres, el instituto de secundaria *era* los estudios superiores. Yo no asistía a ninguna clase ni tenía vídeos educativos con los que aprender, pero era un lector de libros voraz. Y en las páginas de esos libros descubrí cómo eran las vidas de otras personas. No eran como la mía. Y yo estaba decidido a cambiar mi vida. No *estaba estudiando* la posibilidad: *estaba decidido*.

Si realmente quiere ser actor, pero solo a condición de que actuar no le impida dedicarse a sus partidas de golf, sus ambiciones políticas y su vida sexual, *en realidad* no quiere ser actor. Actuar no solo es algo más que un trabajo a media jornada, es algo más que un trabajo a jornada completa. Es una obsesión a jornada completa. Menos de eso y se quedará corto.

Puede usted aprenderse cada palabra de este libro hasta ser capaz de recitarlo hacia atrás en sueños. Pero sin la voluntad y el empuje de una locomotora, sin la concentración serena e inconmovible de un ladrón de cajas fuertes, sin la tenacidad y la astucia de una comadreja, este libro y una docena de años de intensivos estudios escénicos no valen un pimiento a la hora de hacer carrera en el cine. Lo diré de otro modo: si puede imaginarse usted haciendo cualquier otra cosa, ¡olvídelo!

Algunos actores siempre tienen la sensación de que están «perdiendo el hilo». Algún pequeño detalle del papel o de la audición o de la producción no acaba de ser de su gusto; el director no es el adecuado, o el director adecuado no está del humor adecuado, o el director de *casting* que acertó al elegirlo se equivocó con todos los demás, o el guion es adecuado pero el guionista inadecuado. Otros, y me gusta creer que yo pertenezco a este grupo, estamos tan constante y absolutamente ocupados con lo que nos trae el día de trabajo que el juego nos absorbe hasta bien entrada la noche. Esto no quiere decir que no seamos conscientes de los obstáculos: nos tropezamos con ellos de inmediato. No hay carrera de obstáculos comparable con la del cine. Cuando algo marcha como la seda en una película, no es porque no haya ninguna barrera que saltar, es porque todo el mundo las ha visto venir y las ha salvado a tiempo y con estilo. ¡Y, si se me permite añadirlo, no sin cierto placer!

Después de todos estos años en la industria, algunas personas siguen considerándome un *cockney* profesional. Como si pagaran a la gente por ser *cockney*. En realidad procedo del sur de Londres, no del Bow, y cualquier día de la semana pueden encontrar a millón y medio de *cockneys* más auténticos que yo. Claro que muy pocos de ellos están en Hollywood. Pero siguen diciendo «Caine es un actor *cockney*», como si yo fuera una especie de idiota con suerte que casualmente estaba encaramado en el taburete del bar adecuado cuando entró un productor de Hollywood.

Y sin embargo, también es necesario librar esa batalla. Usted también tendrá que librar la batalla de sus orígenes y su herencia genética. Eso no quiere decir que le interese repudiar su pasado. Hay muchos trucos en ese equipaje que arrastramos con nosotros que merece la pena sacar a relucir de vez en cuando. Si es usted un tipo sano y bien parecido, no tiene sentido que se especialice en los papeles de Quasimodo.

Mi propia gran ofensiva se produjo cuando me presenté en *Zulú* para mi habitual papelito de *cockney*. La oportunidad llegó cuando me dieron la mala noticia de que el papel al que iba a presentarme ya había sido asignado. Y hete aquí que estaban tan desesperados por encontrar a alguien que interpretara el papel del inglés de clase alta que accedieron a hacerme una prueba de pantalla para el protagonista. Desde entonces no he vuelto la vista atrás. Fui capaz de redefinir lo que el productor y el director buscaban para el papel. Ellos querían al típico intelectual sin agallas salido de un colegio privado y se encontraron conmigo. Conseguí que me vieran de otra manera. Pero hasta aquel día, todo el mundo en la industria decía: «Oh, es un actor *cockney* muy bueno, un actor *cockney* excelente, y si alguna vez necesitas un actor *cockney* de primera categoría, desde luego deberías contratarlo —no para un gran papel, entendámonos— sino para un bonito y sustancioso papelito de *cockney*». Y a pesar de mis ochenta películas y mis no sé cuántos personajes distintos de diferentes extracciones, la batalla continúa.

¿Por qué les cuento todo esto? ¿Qué derecho tiene Michael Caine a enseñarles a actuar en el cine? Absolutamente ninguno. Hay muchos actores que saben tanto como yo y más. Pero una parte de este negocio es algo más que un negocio: es una comunidad. Y una comunidad en la que la gente comparte sus experiencias. Lo que yo sé hoy es el resultado de lo que otros actores de éxito han compartido conmigo. Solo estoy pasando la antorcha. No tomen mi experiencia por el sagrado evangelio. ¡Limítense a tomarla y echar a correr!

—MICHAEL CAINE,
enero 1997

I

Actuar en el cine: panorama general

«Un actor de cine tiene
que ser capaz de soñar
los sueños de otra persona
antes de poder considerar
ese personaje como
propio»

El hombre corriente no se levanta por la mañana preguntándose: «¿Cómo voy a actuar hoy? ¿Qué impresión voy a producir?». Se limita a vivir su vida, ocuparse de sus asuntos y pensar en sus cosas. Un actor de cine debe dominar su material y estar en sintonía con la vida de su personaje hasta el punto de ser capaz de pensar sus pensamientos más íntimos como si nadie estuviera observándole, como si no hubiera una cámara espiándolo. La cámara simplemente está ahí. Dicen que dominas una lengua extranjera cuando empiezas a soñar en esa lengua. Un actor de cine tiene que ser capaz de soñar los sueños de otra persona antes de poder considerar a ese personaje como propio.

La primera vez que salga a ponerse delante de una cámara no tiene nada que ver con la primera vez que salió con una chica. No tiene que producir una impresión especial. A la cámara no hace falta cortejarla, ella ya te ama profundamente. Como una amante atenta, la cámara está pendiente de cada una de tus palabras, de cada una de tus miradas: no puede apartar los ojos de ti. Escucha y registra todo lo que haga, por muy imperceptible que sea. Nunca habías visto una devoción igual. La cámara es también su amante más fiel, mientras que usted se pasará la mayor parte de su carrera mirando hacia a otro lado e ignorándola.

Si esta relación amorosa con la cámara hace que actuar para el cine parezca fácil, piénselo un momento. Comportarse de forma realista y veraz delante de una cámara es un oficio riguroso, que requiere firme disciplina y aplicación. La actuación cinematográfica nunca ha sido fácil, pero en las últimas décadas este oficio se ha vuelto todavía más exigente, en parte debido a los cambios en la tecnología, en parte a las exigencias que los actores y los directores se han impuesto a sí mismos, y en parte también por los cambios en las expectativas del público.

Si pilla usted a alguien *actuando* en una película, ese actor lo está haciendo mal. En el momento en que es atrapado *interpretando* para la cámara, el actor ha descubierto el pastel. Ha dejado de ser un personaje particular en un mundo particular. Ahora es un actor muy bien pagado que ha sido contratado para decir esas frases para el público. Adiós, ilusión. Adiós, carrera.

En las primeras películas sonoras, los actores llegaban al cine procedentes de una tradición teatral y no tiene nada de extraño que actuaran de una forma que estaba pensada para el teatro. No se limitaban a hablar: pronunciaban sus parlamentos como si tuvieran que ser oídos hasta en las últimas filas del anfiteatro. Al parecer, nadie les había dicho que no había ningún anfiteatro. Hasta cierto punto, esta actuación enormemente teatral era necesaria, porque en aquella época el micrófono estaba completamente fijo. Por lo general, se prendía de un ramo de flores en el centro de una mesa, así que si los actores se alejaban de la mesa tenían que alzar la voz. Pero ahora la tecnología es infinitamente más sofisticada. Hoy, los micrófonos pueden esconderse debajo del cuello de la camisa o en un pliegue del vestido y son capaces de captar hasta el más débil susurro del actor. No hay ninguna necesidad de que el actor alce la voz de forma artificial. De hecho, debe hacer exactamente lo contrario.

Actúe para el momento: la inmortalidad vendrá por sí misma

Los estilos de actuación también han cambiado. En los viejos tiempos, si un actor tenía que llorar en una escena, montaba todo un numerito emocional para mostrar al público su dolor. Probablemente su interpretación estaría basada en lo que había visto hacer a otros actores en interpretaciones muy aplaudidas. Ya fuera eficaz o no ese método, era la tradición de la época.

El actor de cine moderno sabe que la gente real en la vida real se esfuerza por *no* mostrar sus emociones. Es más veraz, y tiene más fuerza, luchar por contener las lágrimas y ceder solo cuando se han agotado todos esos mecanismos de defensa. Si el actor actual quiere emular las películas, más le valdrá que vea documentales. Lo mismo pasa con las borracheras. En la vida real, un borracho hace tremendos esfuerzos por parecer sobrio. Un borracho burdamente interpretado en la escena o en el cine hace eses como un loco para que se pueda dar cuenta de que está borracho. Es artificial. Y esa clase de actuación acaba por crear una barrera entre el actor y el público, de manera que nada de lo que el personaje diga o haga será creíble. La credibilidad pasa a ser un problema y, una vez que se convierte en un problema, no es posible superarlo. Dicho de otro modo, actuar para la pantalla hoy en día es en mucha mayor medida una cuestión de *ser* que de *interpretar*.

El mismo público ha tenido mucho que ver con los cambios en la actuación cinematográfica: se da cuenta con mucha rapidez de lo que es veraz y de lo que no. Una vez que el público vio actuaciones como la de Henry Fonda en *Las uvas de la ira*, sintonizó con la diferencia entre el comportamiento basado en una realidad cuidadosamente observada y el más teatral y menos convincente. El trabajo de Marlon Brando en *La ley del silencio* era tan relajado y tan sobrio que pasó a ser otro hito en la evolución de la interpretación cinematográfica. Con el paso de los años, el público de cine moderno ha sido educado para esperar y captar las leves señales que transmite el actor. Empleando el recurso más sutil del lenguaje corporal, el actor puede producir un gesto de enorme potencia en la pantalla. En *El motín del Caine*, el autor de la novela nos cuenta que el capitán Queeg juega nerviosamente con dos bolas de acero que tiene en la mano. En la película, Humphrey Bogart sabía que, la mayor parte del tiempo, al público le bastaría con el chasquido de esas bolas en la banda sonora... ni siquiera tenía que parecer neurótico.

La cámara siempre le pilla

El primer plano es el plano al que más se recurre en el cine cuando se quieren transmitir matices de la emoción o del pensamiento. Puede dar un tremendo poder al actor, pero esa energía potencial exige una enorme concentración para ser puesta en práctica. La cámara en primer plano no va a transformar misteriosamente un momento insulso en algo espectacular, a menos que el actor haya encontrado algo espectacular en ese momento. De hecho hará todo lo contrario: la cámara en primer plano se fijará hasta en la más mínima vacilación y la amplificará. «Quedarse en blanco» puede disimularse en escena, donde el actor está a unos seis metros de la primera fila de butacas pero la cámara traiciona el menor titubeo no deliberado. Si un miembro del equipo cruza mi línea de visión fuera de campo cuando estoy haciendo un primer plano, inmediatamente pido que repitan la toma. Puede que no me haya parecido haber perdido momentáneamente la concentración —puede que el director me asegure que todo ha salido bien— pero la cámara habrá captado ese mínimo parpadeo en el fondo de los ojos.

Si su concentración es total y su interpretación veraz, puede relajarse y la cámara lo seguirá en todo momento: no se separará nunca de usted. Lo está observando. Es su amiga. Recuerde que la cámara le ama. Escucha y graba todo lo que hace, por muy levemente que lo haga. Si la actuación teatral es una operación con escalpelo, la actuación cinematográfica es una operación con láser.

La escala de una actuación cinematográfica puede ser menor que la de una actuación teatral, pero la intensidad es igual de grande. Quizá mayor. En escena cuenta con la ayuda del impulso dramático de toda la obra. En el cine se ruedan momentos aislados, probablemente sin seguir las secuencias del guion, y tiene que estar continuamente afanándose por conseguir un intenso grado de concentración en cada plano. En las películas no hay manera de dejarse llevar; básicamente su cerebro tiene que trabajar a paso ligero o no existirá para la pantalla. Y es sorprendente lo grande que puede ser una actuación pequeña en el cine, siempre que esté basada en el naturalismo. Pero no se limite a quedarse ahí sin hacer nada, ni se ponga a hacer señales de semáforo como en el teatro; no servirá de nada. Tampoco imagine que lo hace todo teatralmente, sino simplemente en un grado atenuado. Tiene que estar pensando en todo momento, porque la cámara mira dentro de su mente y el público ve lo que la cámara ve. La verdadera clave está en la transmisión mental. Si la mente va en superdirecta, el cuerpo se moverá en la dirección adecuada.

Menos es más

A veces me encuentro con actores que piensan que van a robar una escena mostrándose impresionantes y ampulosos. Esos actores están utilizando el cuerpo y la voz en lugar del cerebro. No se dan cuenta de que, en lo relativo a la voz y la acción, menos es más. Tenemos, por ejemplo, al gran actor de teatro que no quiere tomarse la molestia de adaptarse al medio cinematográfico. Probablemente necesita un Mercedes nuevo, así que se ha dignado aceptar un trabajo en el cine entre dos producciones de *Tito Andrónico*. Dirijan ahora la cámara hacia él. Observen. Todo el mundo se pone histérico. El tono de voz es demasiado alto, los movimientos —famosos por dejar boquiabiertos a salas enteras en el teatro— parecen de repente exagerados y falsos. Si estoy dándole la réplica a alguien que se pone en órbita así, me limito a entrar por debajo de él. Me atengo al naturalismo en el que creo y él queda suspendido allá arriba, dando una imagen bastante tonta.

En las películas un árbol es un árbol, no es ese fragmento de lienzo pintado que dice: «Estamos en el teatro. Hemos accedido a suspender la incredulidad y fingir que no está todo hecho de cartón piedra. Vamos a ver a unos maravillosos actores de teatro *actuar*». En escena, hay que proyectar la voz para que las palabras no se pierdan sin dejar rastro después de la tercera fila de butacas. En escena, la premisa básica es la acción: tiene que convencer al público de sus aptitudes. En las películas, el micrófono siempre puede oírle. No importa lo bajo que hable, no importa dónde se desarrolle la escena. En las películas, es la *reacción* la que da su fuerza a cada momento. Por eso es tan importante escuchar en las películas, así como el uso de los ojos en el primer plano. No hace falta gritar y vociferar. No hay que hacerlo nunca a lo grande.

El potencial de pantalla

Es imposible reconocer el potencial de pantalla de alguien solo con mirarlo. Nadie sabe cuál es el ingrediente secreto, y hasta que no ves a un actor haciendo su trabajo en la pantalla, no es posible saber lo que va a ocurrir. Simplemente hay algunas personas afortunadas por ahí a las que usted, yo y millones de personas quieren ver con devoción. Vea las viejas pruebas de pantalla de Marilyn Monroe y James Dean: esas pruebas revelan mucho miedo, pero revelan también ese algo mágico que es la sustancia de las carreras cinematográficas de ensueño.

La prueba de pantalla es la valoración básica inicial de su potencial y puede ser dura. La mayoría de las pruebas de pantalla se hacen con otro actor; no con una de las estrellas (que no tienen tiempo para poner a prueba a los novatos), sino con alguien contratado especialmente para la ocasión. Enfocan la cámara hacia usted y ruedan un primer plano. Le vuelven de lado para echar un vistazo a su perfil. Luego escogen una de las escenas de diálogo más difíciles de la película para la que está haciendo la prueba y le piden que haga esa escena con la parte posterior de la cabeza del otro actor. Su potencial de pantalla se valora según su aspecto, su grado de relajación, el sonido de su voz, y por esa cualidad poco común y difícil de definir que irradian algunos actores de cine, como si fueran de oro y diamantes.

Ponga a punto su propia película

Actuar para el cine plantea otras exigencias, mentales y físicas, que nunca se ponen de manifiesto en el resultado final y que son difíciles de imaginar, a menos que haya interpretado como mínimo algún pequeño papel durante uno o dos días. Estas exigencias empiezan en casa, antes incluso de ponerse delante de la cámara. Gran parte de la preparación recuerda más a los preparativos para ir a la escuela que al glamuroso mundo del cine, pero tampoco va a encontrar mucho glamour en el plató de cine, solo un montón de trabajo duro.

En primer lugar, tiene que sugestionarse para dormir bien esa noche tras haber montado un dispositivo a prueba de bombas para despertarse. En segundo lugar, tiene que estar seguro de cómo va a trasladarse al estudio cuando efectivamente se levante, porque su tiempo es el dinero de ellos, y si no sabe cómo va a llegar a tiempo al estudio o a la localización, cuando por fin llegue allí —tarde— ya no tendrá trabajo. Compruebe dónde tiene que ir (el lugar de rodaje podría estar cambiando continuamente) y luego ensaye mentalmente su desplazamiento hasta allí como si fuera la primera escena de la película. Tiene usted que poner a punto su propia película antes de que la cámara pueda empezar la suya. Estar preparado no solo se refiere a las exigencias de su papel: se refiere también a las exigencias del estudio o la localización. Tiene usted que orientarse y tener claro dónde ir y qué hacer cuando llegue allí.

Una vez que llegue a la localización, andarse con remilgos neuróticos distrae la atención del acontecimiento principal, que es la realización de una película. Debe estar preparado —es decir, vestido y maquillado— al amanecer. Ahora está totalmente vestido y no tiene adonde ir. Cuidado. No se manche la barbilla de mantequilla ni arrastre el dobladillo de los pantalones por el barro. No derroche tampoco su energía desplegando una frenética actividad social, aunque es posible que tenga que esperar todo el día antes de que le llamen para hacer algo. Y no espere los descansos habituales para las comidas: es posible que tenga que seguir rodando para que los encargados de la cámara puedan captar la luz que necesitan. Nadie intentará matarle de hambre deliberadamente, puede que incluso le lleguen los aromas del comedor a la vuelta de la esquina, pero igual que todos los que están allí, esa película es su primera y única prioridad. Hasta su estómago debe gruñir solo cuando le dan la entrada.

Las obras de teatro se interpretan, las películas se hacen

Rodar una película es un trabajo penoso, largo e implacable. Si no es usted físicamente fuerte, no se moleste en empezar la carrera. Puede que haya rodajes nocturnos y puede que tenga que estar otra vez en la localización al amanecer del día siguiente para volver a empezar otra vez. Esperar puede resultar tan cansado como actuar, pero tiene que reservar lo mejor de sus fuerzas para el momento en que la cámara empiece a rodar. Después, cuando le toque, esté preparado para ser capaz de dar no solamente lo mejor de sí mismo, sino exactamente lo que quiere el director, aunque las condiciones de trabajo sean agotadoras: con un tiempo de perros, un traje que estorba sus movimientos y acosado por multitudes que lo distraen, incapaces de apartarse de este fascinante acontecimiento que se desarrolla a la puerta de sus casas.

El principio que más alarmante resulta para el actor de teatro que entra por primera vez en el mundo del cine es que no tiene que saber su papel desde el primer día, sino que además se tendrá que dirigir a sí mismo para interpretarlo de una manera determinada. Y todo esto lo tiene que conseguir *sin* haber hablado necesariamente del personaje con el director, *sin* haber conocido a los demás actores que componen el reparto, *sin* ensayos en el plató. El actor de teatro está acostumbrado a sumergirse lentamente en la realidad de la obra. Primero una lectura con todo el reparto reunido, para familiarizarse con el esquema general de las intenciones del autor. Luego la visión del director. Luego, quizá una pelotera general. Gradualmente, con el libro en la mano, los actores teatrales van rociándose con suaves dosis de la obra, escena a escena, empezando por el Primer Acto, Escena Primera. Compadezca al pobre actor de teatro que está a punto de verse sumergido, al estilo baptista, en el cine. Las obras de teatro se interpretan. Las películas se hacen.

Puede que haya ensayos, pero nada es seguro. ¡Y es más que probable que, de haberlos, no sean para usted sino en beneficio del equipo de cámara! Y a pesar de toda su preparación, tiene que mostrarse siempre flexible. Es posible que tenga que incorporar nuevas frases o cambios físicos en el último momento. El pánico está prohibido.

Para el actor de teatro es muy difícil comprender que las interpretaciones de los otros actores en realidad no son asunto suyo. Ya le ayuden o le estorben las interpretaciones de los otros actores en el plano, tiene que reaccionar como si le hubieran dado exactamente lo que quiere, aunque se sienta estafado. Recuerde que, a menos que esté usted mirando por la misma cámara y viendo el plano, nunca puede saber si todos los intérpretes están cumpliendo con su parte o no. La mitad del tiempo, la actuación cinematográfica es tan sutil que los actores que están conmigo en el plató me dicen: «No sé lo que estás haciendo».

Y yo respondo: «Espera a ver las primeras pruebas».

A veces incluso se lo he dicho al director. Una vez, uno me dijo: «No había visto eso, Michael. No había visto eso en la toma».

Por lo que pregunté: «¿Dónde estabas sentado?».

«Allí».

Así que le dije: «¿Cómo podrías haber visto algo? El objetivo está aquí, a mi lado».

Otro duro desafío para un actor de teatro es el que supone para él tener que evocar a un actor que no está allí; es decir, hablarle a la cámara sin que haya actor alguno detrás de ella. La mayoría de las veces el actor que está fuera de cámara *está* ahí, se mostrará muy generoso con su tiempo y ofrecerá una interpretación igual de intensa que la que hizo para su primer plano. Pero a veces lo necesitan en otro sitio y tendrá que arreglárselas para fingir que está allí cuando no es así. A estas alturas, me da igual que esté allí o no. De hecho, generalmente le aconsejo que se vaya a casa. Podría hacerlo con la pared, porque mantengo el recuerdo emocional de cómo era en el plano cuando él *estaba* allí. El único momento que me resulta totalmente desconcertante ocurre cuando la script está sustituyendo a la actriz en una escena apasionada y dice con parsimonia «te – quiero – cariño – pero – te – he – sido – infiel», y tú tienes que replicar, lleno de emoción: «¡Oh, Dios mío, no! ¡No, por favor!». Eso es un poquito difícil.

La disciplina es necesaria a cualquier nivel de la actuación cinematográfica, pero en algunos aspectos los papeles pequeños son los más difíciles. Resulta aterrador tener que decir una sola frase. Yo lo he hecho en alrededor de cien películas. Interpreté a un policía en *El día en que la tierra se incendió*, por ejemplo: tenía que interrumpir el tráfico, dirigir coches en un sentido y camiones en otro, y decir mi GRAN FRASE. Cuando por fin me pareció que sabía lo que tenía que hacer, y el director dijo amablemente «¡acción!», sin poder evitarlo ¡el casco de policía se me encajó hasta los ojos! No veía hacia dónde tenía que dirigir los camiones y no recordaba mi frase. El director me dijo: «No vas a volver a trabajar en tu vida». A propósito, en el mundo del cine hay cosas que no se dicen nunca: esta es una de ellas. Por lo general resulta que la persona que la dice no vuelve a trabajar en su vida. La cuestión es que la formalidad en el trabajo tiene mucha demanda en el cine. Y la formalidad no consiste solo en la puntualidad o en tener cuidado de que no ensuciarte los zapatos. La formalidad consiste también en trabajar bien bajo presión, cuando la cámara se pone a rodar. Simplemente salir bien de todo lo que se te viene encima requiere mantenerse siempre alerta y con un alto grado de competencia. Yo me dejé distraer por aquel casco de policía.

«¡Silencio!» y nunca habrá escuchado un silencio igual

Y mientras se mantiene en ese necesario estado de alerta, no olvide que tiene que conseguir estar relajado. La actuación cinematográfica es relajación. Si se queda fuera de combate, lo está haciendo mal. Así que una de las primeras cosas que tiene que aprender es a superar los nervios. La preparación es un gran paso hacia el control de esos nervios. Todo el trabajo que haga de antemano le ayudará a dominar los temores. Todas las cuestiones que ha preparado se unen para formar una red de seguridad. Y todo el mundo necesita una. Recuérdelo: en la actuación cinematográfica, por lo general no sabrá cuáles son las intenciones del director antes de llegar al plató, y en esas circunstancias hasta el mejor de nosotros puede ser presa del terror. Ahí está el gran director y su gran estrella; ellos y todos los demás esperan expectantes que ofrezca eso tan fantástico que tanto dinero le pagan por hacer. Ese es el momento en el que gritan «¡silencio!», y nunca habrá escuchado un silencio igual. Es atronador. Oye el latido de la sangre en sus tímpanos. Luego el director dice «¡acción!». Si no tiene experiencia, ese momento le transforma en una especie de autómata nervioso.

La situación social tampoco ayuda mucho, sobre todo si usted es el nuevo y la película lleva rodándose algún tiempo. Todo el mundo va por ahí diciendo «hola, Charlie. ¿Qué tal? Traeme una taza de té...», y usted está ahí sin conocer a nadie. Entonces llegará la estrella, por lo general insoportable, algo engreída y que no habla con usted porque solo tiene un pequeño papel, mientras usted está hecho un manojo de nervios. Resulta particularmente terrorífico si se trata de una escena grande y a usted le toca la última frase: su única frase.

No es extraño que sienta simpatía por los actores de una sola frase. Sé lo que es. Las tropas bajan la colina, la playa estalla en detonaciones y dices: «¡Rápido! ¡Se *apercan* los alemanes!» (¡una frase!).

«¿¡Quién ha contratado a este tío!?».

El director de reparto llega y pregunta: «¿Qué pasa?».

«¡Este tío no sabe decir ni una frase!».

Mientras, usted está ahí, maldiciendo en voz baja.

«¡Todas esas tropas tienen que volver a subir la colina!» (¡por culpa de mi frase *apercada*!). «Tardaremos dos horas en volver a instalar los explosivos...».

Luego la gran estrella dice su largo parlamento con absoluta perfección, una vez más, y tú dices:

«¡Rápido! ¡Se *apercan* los alemanes!». Luego pregunta desesperado: «¿No podemos postsincronizarlo? ¿Quedará bien?»

Y el director grita: «¡NO! ¡Tenemos que hacerlo otra vez!».

2

La preparación

«Usted es su primer y mejor público, mucho antes de que le oiga nadie. No sea un público fácil.
Exija siempre más»

Para evitar tanto horror, *prepárese.* Aparte de todo lo demás, la preparación consume una buena ración de energía nerviosa que de otra forma podría volverse contra usted. Canalice esa energía, concéntrela en áreas que controle.

El primer paso en la preparación es aprender sus frases hasta que decirlas se convierta en un acto reflejo. Y no las articule en silencio: dígalas en voz alta hasta que habérselas apropiado por completo. Escúchese decirlas, porque lo que no puede ocurrir bajo ningún concepto es que le sorprenda el sonido de su propia voz o no le parezca totalmente convincente. Si no es capaz de convencerse a sí mismo, lo más probable es que no convenza tampoco al personaje que le da la réplica ni al director. Usted es su primer y mejor público, mucho antes de que le oiga nadie. No sea un público fácil. Exija siempre más.

Yo me aprendo el papel a solas, nunca le pido a nadie que lo lea conmigo. No obstante, intento aprenderme las frases como parte de un diálogo, como las respuestas lógicas a lo que ha dicho otra persona o como reacción lógica ante una situación. Nunca me verán recorriendo la página con un sobre, tapando mi réplica y dejando la anterior al descubierto, porque entonces pasan a ser meras *entradas* y *parlamentos*. Si no ha comprendido la lógica que le mueve a decir algo, no lo dirá de la manera adecuada o convincente. Y si sus pensamientos no están conectados con lo que está diciendo, no podrá decir una frase como si se le acabara de ocurrir en ese momento. Tiene que estar familiarizado con toda la conversación, no solo con las partes que le corresponden. Una de las tareas más cruciales de las que tendrá que ocuparse como actor será saber lo que está pensando cuando no esté hablando.

Diga sus frases en voz alta mientras las está aprendiendo hasta encontrar la mejor expresión posible de ese pensamiento en concreto. Si hay variaciones posibles, desarróllelas y practíquelas también; pero déjelas en reserva. Si el director rechaza su genial interpretación, no se quedará horrorizado y en blanco. Ya ha imaginado y preparado otras posibles reacciones. Y lo que es más importante, ha dejado un margen de flexibilidad en su interpretación. Haga su mejor interpretación como si fuera la única posible, pero su mente debe estar lo bastante relajada para dar un salto si es necesario. Por el momento, concéntrese en las lecturas de la frase que le parecen más válidas. Puede que cueste un poco, pero una vez que el proceso mental sea el adecuado, las palabras vendrán por sí solas.

En realidad se trata en gran parte de una cuestión de repetición, de decir las frases una y otra vez hasta que esté harto de ellas, hasta que no haya alguien que le dé la entrada y pueda usted decir, sentir y reaccionar a todo el ciclo de acontecimientos, incluyendo los relacionados con los papeles de todos los demás actores. Esa confianza es su salvaguardia contra el terror. De otro modo, en la tensión del primer plano, cuando esté usted allí y alguien diga «¡Silencio! ¡Rodando! ¡Cámara! ¡Acción!» muy bien podría decir «¡*sir* o no *sar*, esa es la cuestión!».

Aprenda su papel para toda la película antes de empezar a rodar, y siga estudiándolo en las pausas del rodaje. En una ocasión me pillaron desprevenido, en el rodaje de *David y Catriona*. Estábamos rodando en la isla de Mull, donde las condiciones meteorológicas eran perfectas y estábamos adelantados en el calendario de rodaje. Todo iba tan magníficamente que el director, Delbert Mann, se acercó a mí a la hora de la comida y me dijo: «Hace un tiempo tan estupendo que quiero rodar tu última escena esta tarde».

Mi última escena era un monólogo de dos páginas sobre Escocia y lo que significaba para mí. Yo no había preparado ni una palabra. Me lo quedé mirando y respondí: «No está en el calendario para hoy».

Mann señaló: «Nunca tendremos un día mejor».

Dije: «Dame una hora». Lo hice no sé cómo, y en una sola toma. Pero me habría ahorrado muchos sudores si me hubiera propuesto aprenderme todo mi papel antes de empezar a rodar la película.

El tiempo solo está muerto si lo mata

Un actor tiene mucho tiempo muerto durante el rodaje de una película. Puede usted dormir, con lo que posiblemente parecerá atontado delante de la cámara, o puede hacer vida social y agotarse. Yo hago la vida social suficiente para no ofender a nadie, pero paso deliberadamente mucho tiempo en el camerino. Utilizo el tiempo para repasar las frases. El tiempo libre no tiene por qué ser tiempo muerto. Solo estará muerto si lo matas. Muchos actores se ocupan de otros asuntos desde sus camerinos o sus remolques. Una vez estaba trabajando con Sylvester Stallone y le pregunté qué atractivo le encontraba a su remolque para que se apresurara a volver a él entre dos tomas. Pensaba que a lo mejor había una chica allí dentro. «Estoy escribiendo *Rocky III*», me dijo. También había un actor que jugaba a la bolsa de Nueva York desde su remolque. Ya no es actor de cine, pero lo he visto en la televisión: tiene su propio programa de acciones y valores. Calculo que para mí es más rentable ocuparme del asunto que tengo entre manos porque, si interpreto bien mi papel, esa película puede proporcionarme más dinero que ningún otro negocio. Si un actor está pensando en otros asuntos, quizá debería dedicarse a otra cosa.

Voy a contarles de qué me ocupo en mi remolque: del negocio del espectáculo. Entren ustedes y me verán repitiendo una escena una y otra vez. Ahí estoy, murmurándola y murmurándola y murmurándola una vez más, hasta que pasa a ser mi segunda naturaleza. No conseguirá nada bueno si cuando está a punto de empezar una toma está pensando: «Pronto llegará esa parte tan difícil donde tengo que decir "Al 138 de North Ponders End Road SW16"». Tiene usted que ser capaz de ponerse ahí y no pensar en esa frase. La tomará del rostro del otro actor, quien probablemente esté acuñando de nuevo las frases del diálogo, como si se le acabaran de ocurrir al escuchar y observar, como si todo fuera nuevo también para él. De lo contrario, no estará usted escuchando para su próxima frase ni será libre de reaccionar con naturalidad, de actuar espontáneamente.

El reconocimiento del pensamiento

Puede que parezca una contradicción, pero la espontaneidad en el plató se consigue preparando los diálogos en casa. A medida que los prepara, busque maneras de hacer que sus respuestas parezcan recién inventadas y no programadas de antemano. En la vida, con frecuencia captamos la idea que provoca nuestro siguiente comentario mientras otra persona está hablando. Los pensamientos no vienen automáticamente a los labios. No interrumpimos cada vez que un pensamiento se forma en nuestra mente y, si lo hiciéramos, no tendríamos demasiados amigos. Del mismo modo, en un guion de cine sus procesos internos de pensamiento muy bien podrían comenzar a articularse mucho antes de que tenga ocasión de hablar. A veces el guion le indica que interrumpa, pero si no lo hace, su idea puede comenzar a formarse mucho antes de que tenga ocasión de responder. Puede haber una palabra clave que lo ponga en marcha en la frase que está diciendo el otro actor. Actúe a partir de ahí: forme su pensamiento y esté preparado para hablar. Por ejemplo, si otro actor afirma: «Tengo que coger un autobús a Clapham; ya llego tarde a mi cita».

Y a usted le tocara responder: «No irás muy lejos. Hay huelga de autobuses».

El otro actor no dejará de hablar después de decir *autobús*, de manera que no puede usted intervenir y decir su frase en el momento real en el que reconoce ese pensamiento. Pero cuando oye la palabra clave *autobús*, en ese momento sabe lo que va a decir en cuanto el otro deje de hablar. Puede mostrar eso por medio de su reacción. Y ese momento de la actuación solo puede proceder de una escucha atenta.

También puede dar nueva vida a una réplica aparentemente trivial planeando un proceso mental basado en una palabra clave, sin articularlo nunca en voz alta.

Si otro actor dice:: «¿Quieres una taza de té?».

Y usted tiene que responder:: «Sí, gracias».

Té es la palabra clave. La simple palabra *té* puede desencadenar muchísimas respuestas. Supongamos que hubiera preferido usted café. En el momento en que el otro actor dice *té*, sus ojos cambiarán porque en realidad le apetece un café. O quizá es usted usted alérgico al té. Entonces responde cortésmente, pero con un poco de zozobra, sabiendo que en realidad no va a beberlo. A la cámara le encantan esa clase de sutilezas, y sin embargo con frecuencia ves a actores que pasan totalmente por alto esos pequeños regalos que pueden abrirle enormes posibilidades de reacción. *Té* podría ser una indicación de que el otro es demasiado pobre para ofrecerle una copa, o que le considera un alcohólico al que no hay que ofrecer una copa. Tome el guion y explore estas posibilidades, porque captar palabras clave abre un repertorio de respuestas potenciales que puede hacer que una escena despegue del papel y se haga real. No se obsesione con ello o complicará innecesariamente las cosas. Parecerá un maníaco si todo le hace reaccionar. Pero hágalo dentro de unos límites razonables y verá cómo su interpretación es más interesante para usted y más creíble en la pantalla.

Un golf en miniatura

Puede que haya ensayos o puede que no, depende totalmente del director. Usted tiene que hacer todo lo posible para componer su papel antes de llegar al plató. El director siempre espera que usted se presente con un personaje totalmente desarrollado, y esto sin haber visto el plató ni conocer a los demás actores. Tome las decisiones relativas a las peculiaridades físicas de su personaje, practíquelas... y hágalas simples. Una vez esté en el plató, tendrá que repetir esas peculiaridades y acciones con precisión en distintos planos.

Más adelante nos ocuparemos de los problemas especiales de la continuidad, pero básicamente por lo general es necesario repetir una secuencia por lo menos tres veces en el cine: una vez para el plano largo, otra para el plano medio y otra para el primer plano. El plano largo es el plano más general, tomado desde cierta distancia. Este plano muestra todos los componentes de una escena. Si hay tres actores practicando sus golpes de golf en la alfombra del despacho, en el plano largo se los verá a todos ellos y la alfombra. Este plano también se llama con frecuencia *plano máster*, porque muestra toda la escena: es la mejor guía para la colocación de la cámara en los demás planos y la referencia para la inclusión de otros planos al montar la escena. El plano medio es una vista más próxima de algunos elementos seleccionados. El primer plano es una vista muy cercana de un solo elemento. Si fuera usted uno de los golfistas, el primer plano podría ser de sus pies sobre la alfombra o de su rostro.

Cuando prepare en casa las peculiaridades o gestos de su personaje, busque la simplicidad, para que después, en el plató, pueda repetirlas con precisión para cada uno de estos tipos de planos. Si en el plano máster está jugueteando con su palo de golf, tiene que juguetear exactamente del mismo modo en los otros planos. Iniciar un movimiento que no es capaz de repetir con frecuencia obligará a volver a rodar las escenas. Si en el máster sostiene usted el *putter* al lado izquierdo al decir determinada frase, pero se lo pasa al lado derecho para el plano medio (que podría rodarse varias horas después), cuando llegue el momento de montar la película el montador no podrá utilizar ese plano. Daría la impresión de que el palo de golf ha saltado de un lado a otro por sí solo.

Ya ha aprendido su papel: ahora es el momento de familiarizarse con la disposición del plató y empezar a orientarse en su entorno. Yo repaso cada escena y hago mis acciones de la misma manera, una y otra vez, exactamente como me imagino que tendré que hacerlas en el plató. Dondequiera que esté, ya sea en casa o en la habitación de un hotel, cambio de sitio los muebles y trato de colocar las mesas y las sillas en lugares en los que puedan componer un modelo lógico a escala de la escena. Saco tazas y platillos o lo que pueda necesitar, y organizo el diálogo en torno a mis acciones. Ahora bien, es evidente que no tiene ni idea de cuál es la disposición exacta del escenario en el que va a trabajar o la naturaleza exacta de los accesorios que le van a proporcionar, pero cualquier decisión clara que pueda tomar de antemano le proporcionará una tabla salvavidas. Es mucho más fácil cambiar una línea de acción bien planeada por otra línea de acción precisa que dar forma concreta a una vaga idea sobre el movimiento físico de buenas a primeras. Y es sorprendente el número de sus conjeturas sobre los muebles y los accesorios que resultarán acertadas.

Prepare con precisión sus gestos y acciones y procure que sean simples para ser capaz de repetirlos sin esfuerzo y con exactitud, pero no exagere. Este no es el terreno adecuado para la improvisación inspirada. No se complique la vida con esos palos de golf. Si va usted a proponer una acción, *planifíquela*. Organice sus acciones y tareas físicas de manera que sean lógicas —así se acordará de hacerlas— y practíquelas para que permanezcan en la memoria. Tiene usted que ser capaz de realizar una tarea física de la misma manera una y otra vez con absoluta perfección. De otro modo, el plano máster, el plano medio y el primer plano *no guardarán el raccord*, habrá que volver a rodar escenas y les estará usted costando a los productores tiempo y dinero, una cualidad que no es precisamente la que le hará más atractivo a sus ojos a la hora de elegir el reparto para su próxima película.

3

En el estudio o en localizaciones

«Es vital que un actor no provoque nunca ningún retraso por cualquier razón que pueda evitar»

El tiempo es dinero, y es vital que un actor no provoque nunca ningún retraso por cualquier razón que pueda evitar. Al llegar al estudio o la localización, depende de usted familiarizarse con su geografía lo antes posible. Encuentre su camerino, el departamento de maquillaje y peluquería y el escenario o localización del rodaje. Cuando lo llamaron para que se presentara en el plató, probablemente hablara con un ayudante de dirección: asegúrese de presentarse ante él si no le ha encontrado todavía, su trabajo es llamarlo al plató en el momento adecuado. Espere siempre a que lo llamen. Ponerse a rondar impaciente antes de que lo llamen no es recomendable. En un plató de cine todo el mundo tiene una función y, si usted no la tiene, probablemente esté molestando.

La primera escala es maquillaje y peluquería: un departamento en el que todo el mundo está preparado para que usted se sienta tan contento y relajado como sea posible. Evidentemente, usted ya habrá pensado en el aspecto que debe tener su personaje. Si su papel es lo bastante importante, habrá mantenido conversaciones previas con el director y con los artistas de maquillaje y peluquería. Si su papel no es merecedor de esa clase de atención, el director ya habrá dado a ese departamento algunas indicaciones de lo que quiere. Esta gente es experta en su oficio, de manera que, a menos que sea usted pariente de Max Factor, lo mejor es dejarles hacer su trabajo. Además, el departamento de maquillaje y peluquería es generalmente el centro del universo, socialmente hablando, y enseguida corre la voz de cómo te portas allí.

Si se siente especialmente molesto con sus ojeras o el grano que le ha salido en la barbilla, adelante, dígalo. Si es rubio y tiene las pestañas rubias, como yo, pida que le pongan rímel (porque si sale en una película con las pestañas rubias, más le valdría salir en un serial radiofónico). Los ojos son los que en definitiva le venden en una película. Pero lo más probable es que los de maquillaje ya se hayan dado cuenta del problema.

Una vez que los artistas de maquillaje y peluquería hayan terminado con usted, es su responsabilidad intentar preservar el efecto. Nadie quiere que este costoso trabajo se eche a perder. No se coma una hamburguesa grasienta ni camine bajo la lluvia inmediatamente después: alguien llegará con un paraguas, ¡espérelo! Empiece también a tomar nota cuidadosamente de las variaciones que podrían producirse por descuido en su aspecto o en su ropa entre dos escenas: un cambio de peinado, la adición de una capa de esmalte de uñas, etc. En el plató se tomarán fotografías para asegurarse de que su aspecto permanezca inmutable día tras día. Por lo general los artistas de maquillaje y los directores tomarán nota de cualquier discrepancia, pero nadie es infalible y nadie va a darle las gracias si hay que volver a rodar una escena por no haber hablado a tiempo. Cuando estaba trabajando en *Zulú*, mi primer papel importante, había una escena en la que tenía que saltar desde una casa en llamas. Hordas de zulúes venían hacía mí. Era todo un montaje. Por fin acabamos la escena, con gran alivio por mi parte. Luego la script dijo de repente: «Un momento. La camisa de Michael estaba abrochada hasta el cuello en la secuencia anterior y ahora tiene dos botones desabrochados». Por supuesto, me los había desabrochado entre dos tomas, probablemente a causa del calor. Tuvimos que volver a rodar otra vez toda la maldita escena.

La ropa que ha hecho a su medida el diseñador de vestuario estará esperándole en su camerino o remolque cuando llegue, y un ayudante de guardarropa pasará a comprobar si el vestuario está completo y le queda bien. Pero igual que con el maquillaje y el peinado, el cuidado del vestuario hasta llegar al plató depende de usted. Aquí entra en juego el sentido común. Si tiene que estar inmaculado, es absurdo quedarse sentado por ahí con la ropa puesta, porque cuando llegue su momento estará hecho una pena y lleno de arrugas. Pero, si es una ropa que tiene que parecer muy usada, puede que sea buena idea ponérsela antes de tiempo. Si es un traje de época, puede que también le convenga llevarlo puesto un rato, para acostumbrarse a una capa o a la cola de un vestido. Estas decisiones dependen de usted: la única regla incuestionable es la de estar preparado cuando lo llamen al plató. El ayudante de director le avisará con tiempo de sobra.

Yo siempre creo que estoy listo, pero siento una aversión psicológica a ponerme la corbata o los zapatos. Cuando llega el momento de estar completamente vestido, a veces descubro que los zapatos no son de mi talla, y entonces hay un momento de pánico mientras el ayudante de vestuario sale corriendo en busca de otro par. Mientras están preparando mi plano, generalmente me hago el nudo de la corbata y sigo llevando mis propios zapatos. Intento llevar los míos hasta el último minuto, porque seguramente serán más cómodos. De hecho, siempre pregunto si mis pies van a salir en un plano; el director por lo general me dice «no, está bien». Luego la cámara retrocede y... hete aquí que aparecen mis viejas y sucias zapatillas de lona. Si estoy interpretando a un hombre de negocios bien vestido, el rodaje tiene que detenerse mientras encuentran los zapatos adecuados. Así que no sigan mi ejemplo en este punto.

Pruébelo todo

Puede hacer algunas tareas detectivescas que mejorarán considerablemente su dominio del papel. De hecho, si no las hace es muy posible que quede como un tonto cuando efectivamente llegue al plató. Si ese escenario supuestamente es el hogar o el despacho de su personaje, más le vale meterse allí antes de que se llene de técnicos para aprenderse dónde están cada uno de los muebles y accesorios y cómo funciona todo. Yo siempre voy al plató antes de la toma para no tener que mirar a mi alrededor en busca del paquete de cigarrillos cuando alargo la mano para coger uno o para saber por dónde sonará el teléfono. Esas cosas deberían ser una segunda naturaleza, como lo son en su propia casa o despacho. Asegúrese de que sabe hacia qué lado abre cada puerta, porque se supone que usted ha entrado y salido de esa habitación mil quinientas veces. Si trata de salir de su casa empujando una puerta que se abre hacia dentro, o muestra la más mínima vacilación, es evidente que en realidad no se siente en casa allí. Tiene que saber cómo funciona cada uno de los objetos de ese escenario porque en su propia casa lo hace usted todo con una facilidad adicional.

Las puertas siempre son un problema en el plató, merece especialmente la pena revisarlas a conciencia por adelantado. Si tiene que llamar a una puerta y luego entrar, puede que al girar el pomo se encuentre con que la pintura que se acaba de secar ha pegado la puerta al marco. Durante el ensayo, pruebe todo lo que tiene que utilizar o manipular en el plano y si no hay ensayo, pruébelo siempre todo por su cuenta. Si la puerta está atascada, puede usted informar educadamente al ayudante de director, quien puede encargar a alguien del equipo que resuelva el problema. Por supuesto, al llegar a la toma, cuando llama a la puerta con los nudillos, esta se abre de golpe antes de haber tocado siquiera el pomo. Es típico. Pero por lo menos ha hecho todo lo que usted podía hacer.

La disposición de los objetos en el plató también puede sorprenderle a veces durante las peleas. Por supuesto, en el ensayo no debe meterse a fondo en la pelea, de manera que en la toma, cuando está lanzando un puñetazo junto a la cabeza del otro tipo, puede que se encuentre con que su puño atraviesa el muro del castillo que se supone que tiene siglos de antigüedad y un metro de espesor.

Y exactamente lo contrario ocurre en los platós que no representan su propia casa o despacho (o la casa de su madre o el despacho de su novia): es decir, en algún sitio en el que supuestamente no ha estado nunca. Deje que le sorprendan. En caso de que se repitan tomas, trate de recordar esa sensación inicial de desorientación y de recrearla. La anticipación es el enemigo de todos los actores. Hace estragos particularmente feroces en las películas porque la cámara lo ve todo, en especial la falta de espontaneidad.

4

Delante de la cámara – Antes de rodar

«En el cine, las interpretaciones de los otros actores en realidad no son asunto suyo. Si otro actor no le está dando lo que quiere, actúe como si fuera así»

Dígale siempre a todo el mundo su nombre de pila cuando esté en el estudio o en la localización, porque si se empeña en que le llamen señor, señora o señorita, puede que se encuentre con martillos y lámparas que caen peligrosamente cerca de su cabeza desde la batería de focos. Cuanto antes establezca una relación amistosa con los técnicos, antes se tomarán la molestia de ayudarle. Nadie desprecia la inexperiencia, solo la inexperiencia engreída. Pero no intente mostrarse amistoso trasladando sus propios accesorios o haciéndose el servicial en cuestiones técnicas, o se topará con problemas sindicales: cada técnico tiene un trabajo claramente definido que solo a él le corresponde hacer. Y sea siempre amable con el operador de cámara, sobre todo si le preocupa salir guapo en la pantalla, porque él puede consagrarle o destruirle. La mayoría no hará nada que le perjudique demasiado, porque quieren que su trabajo sea respetado. Y por supuesto, cuando digo «sea amable» quiero decir que sea cordial, que de los buenos días amablemente; no le estoy aconsejando que le soborne o que se arranque las ropas y se lance sobre él. Pero si quiere aparecer realmente atractivo o hermoso, no hay duda de que los buenos modales ayudan.

En las películas, la forma de los ensayos depende enteramente del director. Pero como el director tiene en la cabeza todos los aspectos de la película, no espere ningún panegírico o señal de aprobación personal durante los ensayos. Si su director no le dice nada, probablemente quiera decir que su trabajo está bien. En el teatro, los actores y los directores utilizan los ensayos para explorar el personaje y las relaciones. En el cine, en este momento del proceso no hay tiempo para la disección de su papel. Los ensayos son para mostrar al director y a los otros actores lo que usted se propone hacer físicamente y más o menos cómo va a decir sus frases: los ensayos son para mostrar la meticulosa preparación que le han contratado para hacer.

Generalmente los ensayos son ensayos mecánicos, que es como se designa el proceso de planificar los movimientos para cada escena. No se sienta intimidado por las consideraciones técnicas en este momento: el instinto del actor es vital para este proceso. Muévase donde y como le parezca cómodo y apropiado para el papel, porque pueden colocar la cámara encima de la catedral de san Pablo, si hace falta, para acomodarse a sus movimientos. Por supuesto, si el director dice «quiero que acabes en ese punto, te parezca lo que te parezca», entonces más le vale seguir sus instrucciones y llegar allí.

Practique el peligro y lo perderá

No use los ensayos para darlo todo como actor. En el teatro, el director le animará a menudo a alcanzar el nivel de la actuación definitiva mucho antes de la noche del estreno. En el cine, no es bueno dar el do de pecho antes de la toma, porque actuar para el cine entraña un peligro. Si practica usted con el peligro, lo pierde. Si ensaya un riesgo, deja de ser un riesgo. Además, priva al otro actor de su reacción espontánea a ese algo adicional que va usted a inyectarle a la escena cuando la cámara empiece a rodar. Solo debería correr ese riesgo definitivo, proporcionar esa auténtica sorpresa, cuando digan «acción». Entonces, por supuesto, empújese un poquito más lejos de donde quiera llegar.

En el teatro es natural preocuparse por lo que los otros actores están dando en escena, porque una parte importante del teatro en vivo es ese toma y daca inmediato. Pero en el cine las interpretaciones de los otros actores en realidad no son asunto suyo. Si el otro actor no le está dando lo que quiere, actúe como si fuera así. Si le parece que no han elegido al actor adecuado para el papel, elija a otro en su cabeza. ¡Puede que otros actores piensen lo mismo de usted! Trate de concentrarse en su aportación sin admitir distracciones. Sé lo difícil que es esto, porque las únicas ocasiones en las que me quedo en blanco es cuando me dejo fascinar en exceso por una mala actuación. Pero no sabes realmente qué es lo que el director tiene en la cabeza, y él es el jefe del cotarro. Puede que acabe utilizando todos los planos de su reacción y la voz del otro actor como una voz fuera de cámara. O puede que nunca haya sido su intención tenerlos a los dos juntos en el plano. Sea cual sea su intención original, puede que cambie de opinión durante el montaje. Actúe y reaccione siempre como si estuviera obteniendo la respuesta ideal, porque nunca puede saber qué es lo que se va a utilizar una vez que empiece el montaje. El director va a hacer lo que sea mejor para la película, y si usted ha estado en plena forma, puede que se encuentre que es usted el que aparece en el montaje final.

Cuando el ensayo mecánico de la escena se ha realizado con plena satisfacción de todos, se hacen marcas en el suelo o se colocan ramitas estratégicas en la tierra si se rueda al aire libre o le pedirán que se alinee con un objeto fijo, porque tiene usted que acabar en ese lugar predeterminado o quedará desenfocado. Evidentemente, un actor no puede mirar hacia abajo para ver si ha llegado a su marca: el modo de asegurar la precisión es colocarse en la marca y luego decir su frase al ritmo de la actuación mientras camina hacia atrás, a una posición anterior. Cuando va hacia delante desde esa posición anterior, diciendo la misma frase, acabará en la marca. Si practica el ritmo de esto unas cuantas veces, no se equivocará. Y tampoco olvidará su frase, porque las palabras y el movimiento se habrán enlazado en su mente, como una canción con el baile.

El doble

Una vez que se ha hecho el ensayo mecánico, el técnico de iluminación se pone manos a la obra. En este momento, usted desaparece y un doble que ha estado observando sus movimientos durante los ensayos ocupa su lugar. A veces iluminar una escena puede requerir entre una hora y media y dos horas: nadie espera del actor que está en la escena que se quede todo ese tiempo allí. Mi doble es por lo general un tipo rubio y alto, de un metro noventa, que tiene la cara a la misma distancia del suelo que la mía para asegurarse de que cuando yo regrese al plató mi cara no quede a oscuras. Los dobles a veces te traen una taza de café: mi doble es mi amigo personal. Pero en ocasiones los dobles pueden hacerle salir corriendo a mirarse al espejo. Llevo en el cine más de treinta años, y cuando empecé, te decían «este es tu doble», y te encontrabas frente a un joven guapísimo. Con el tiempo, llegas una mañana y te dicen «este es tu doble», y te encuentras frente a un viejo calvo con peluca.

En América tuve incluso una doble femenina. Desde hace años, sobre todo en los Estados Unidos, hay muchas mujeres trabajando en el cine. Se acabaron los tiempos de los equipos exclusivamente masculinos. Cuando trabajé con Alan Alda, que es un gran feminista, fue la primera vez que trabajé con una ayudante de dirección femenina. Tuve que mirar dos veces cuando estaba trabajando en una película en Los Ángeles y había una electricista que era igualita que Julie Christie. Era verdaderamente extraño ver a esta chica pasar llevando un foco, con enormes músculos en los brazos. Ni que decir tiene que hizo un trabajo maravilloso.

Lo último que ocurre antes de rodar es un repaso final del maquillaje y el peinado. Esta es la parte que el ayudante de dirección siempre trata de acelerar porque, si la gente es incapaz de contenerse, puede alargarse mucho. Pero recuerde que es su cara la que va a estar en la pantalla, así que muéstrese firme si le parece que necesita atención. De todos modos, un buen encargado de maquillaje estará siempre vigilándolo atentamente porque, al fin y al cabo, también es su reputación la que estará en la pantalla.

Relájese y esté nervioso

En este momento, si no se ha preparado adecuadamente, sus nervios pueden amenazar con abrumarlo. Pero como ha reducido su miedo a lo desconocido preparándose tanto como es posible, debería quedarle una cantidad saludable de energía nerviosa: energía útil que puede canalizarse en la actuación. Una manera de liberar esa energía nerviosa de forma productiva es experimentar con distintos ejercicios de relajación y concentración.

Aquí tiene una pequeña rutina que hago antes de una toma larga: inspire profundamente y con lentitud, luego inclínese hacia delante y deje los brazos colgando, bien relajados. Enderécese despacio, espirando de manera suave y regular. Este ejercicio relaja, ayuda a concentrarse y a tener más control. Si va a rodar una escena para la que necesita una puesta a punto adicional, simplemente inspire y espire rápidamente por unos momentos: así se lleva oxígeno al cerebro. Se sentirá como un completo majadero, y sin duda lo parecerá jadeando como un loco, pero le despejará la cabeza, los ojos le empezarán a brillar un poco y estará listo para interpretar una escena enérgica, mental o físicamente. Pero tenga cuidado de no excederse con los jadeos, o sufriría una hiperventilación y se desmayaría.

Por lo general yo interpreto al personaje que aterroriza a los demás, así que *La huella* fue una experiencia bastante poco familiar para mí, porque mi personaje creía que lo iban a matar y él mismo se sentía abyectamente aterrorizado. En lugar de hacer frente a mi natural nerviosismo ante la escena, dejé deliberadamente que los nervios se adueñaran de mí: me quedé sorprendido por su intensidad, porque acabé hecho una piltrafa balbuceante con relativa facilidad. Laurence Olivier se dio cuenta inmediatamente de lo que estaba haciendo y me siguió el juego, así que en aquella ocasión mis temores me echaron una mano. Pero por lo que a mí respecta, generalmente necesito toda la ayuda que pueda conseguir para calmarme.

En el cine, haga realidad sus acciones y reacciones siempre que pueda. Si se supone que está sin aliento después de haber corrido, corra hasta quedarse sin aliento. En el teatro, la técnica con frecuencia puede engañar al público: puede actuar como si estuviera sin aliento tras haber dado diez vueltas a la pista, puede dejar caer una taza de café y el público creerá que está agitado. Pero en el cine no se puede engañar a la cámara con la técnica. Si tengo una larga secuencia en la que se supone que estoy nervioso, evito mis tácticas de relajación y me tomo una taza de café, que tensa los nervios. Beba dos tazas y le empezará a temblar la mano; cinco o seis tazas, y se le contraerán los labios.

Pero ya deba estar tenso o relajado en una escena, tenga siempre presente que todo el mundo está allí para conseguir que ofrezca la mejor interpretación de su vida. No se sienta intimidado por nadie. Todo el mundo está de su parte. Todos quieren que esté magnífico. Yo he producido películas y le aseguro que, si le contrato para una película, estoy todavía más interesado que usted en que esté genial.

El electricista trepará al puente de trabajo para colocar la luz de manera que no haya ningún reflejo en sus ojos; tiene usted a setenta u ochenta personas concentradas en que salga en la pantalla con su mejor cara y en ayudarle a decir bien su frase. Puede que piense «Tengo que hacer algo, de otro modo no va a ser interesante», pero si es capaz de conseguir esa relajación básica, no necesita nada más. Simplemente olvídese de todo el mundo y relájese. Nadie va a matarlo, nadie va a molestarlo. Todo se está haciendo para ayudarle a hacerlo bien, porque actuar en el cine es un trabajo condenadamente difícil y todo el mundo lo sabe.

5

La toma

«Actuar no es una competición: hay que hacerlo todo por el bien de la película o de lo contrario todo el mundo pierde»

Los primeros planos y la continuidad

La gente del cine admira a los profesionales. Si tiene que elegir entre dos actores (iguales en todo lo demás), la profesionalidad será el factor determinante. La competencia profesional es una cualidad básica y decisiva, mucho más apreciada que la brillantez ocasional. Requiere la comprensión de las disciplinas adicionales necesarias para el rodaje. Tiene usted que saber cómo ayudar a la cámara. En un primer plano, el objetivo de la cámara amplifica sus acciones, así que debe saber cómo reducir la escala de la acción sin perder la intensidad a medida que el plano se va acercando. El actor de cine sabe cómo atenuar una interpretación físicamente pero no mentalmente. De hecho, por extraño que parezca, la mente debe trabajar todavía más en un primer plano que en otros planos, porque en el primer plano la interpretación está toda en los ojos: no puede utilizar el resto del cuerpo para expresarse.

Cuando es usted el actor que aparece en un primer plano, no traslade nunca su centro de visión de un ojo al otro. Suena raro, ¿no? Cuando miramos algo, uno de los ojos va siempre por delante. Tenga especial cuidado en los primeros planos de no cambiar el ojo que va por delante. Es un detalle infinitesimal, pero evidente en la pantalla. ¡A la cámara no se le escapa nada! Otro consejo tomado de mi propia experiencia: cuando están rodando mi primer plano, elijo el ojo del actor fuera de cámara que está más cerca de la cámara y lo miro con el ojo más alejado de la cámara. Esto hace que mi rostro se vuelva más de frente hacia la cámara, de manera que en el plano se vea mi rostro entero tanto como sea posible.

Y no parpadeo. Si parpadea, hace que su personaje parezca débil. Pruébelo usted mismo: diga la misma frase dos veces, primero parpadeando y luego sin parpadear. Yo practiqué el no parpadear en exceso cuando lo descubrí: iba por ahí sin parpadear en ningún momento y probablemente desconcertando a mucha gente. Pero si no parpadea dará una imagen de fuerza en la pantalla. Recuerde, en el cine ese ojo puede tener dos metros y medio de ancho.

Insisto en los ojos porque es ahí donde ocurre todo, sobre todo en un primer plano. No haga muecas, lo que yo llamo *poner caras* ocurre cuando un actor se siente inseguro y empieza a hacer señales al público. Envía mensajes, contracciones faciales, que indican «esto es lo que se supone que tienen que sentir» o «aquí es donde se supone que tienen que reírse». El público capta eso y se lo toma a mal. No quiere que le den un codazo para que reaccione: quiere reaccionar espontáneamente a algo que parece espontáneo. Limítese a confiar en los procesos mentales de su personaje y su rostro actuará normalmente. No es bueno practicar delante del espejo, porque en el espejo es usted alguien a quien lleva viendo toda la vida, alguien que no tiene nada que ver con quien es usted en la película. *Usted es otro.*

EL MONTAJE DEL PLANO

Durante una toma, la cámara no necesariamente se acerca o se aleja físicamente de usted, por lo que es importante preguntar antes de empezar qué clase de plano están montando. Pregunte para saber cómo calibrar la escala de su actuación. Aquí tiene una guía aproximada: en el plano máster (o plano largo) puede usted permitirse los grandes despliegues; en el plano medio, reduzca a la mitad las dimensiones de la actuación; y en el plano corto, vuelva a reducirlas a la mitad. Además, necesita saber qué clase de plano están montando para saber lo que quedará incluido en el encuadre. Puede que en un plano largo esté jugueteando con las gafas en su regazo, pero si sigue jugueteando durante el plano medio, cuando no es usted visible por debajo de la cintura, todo el mundo se preguntará «¿qué está pasando por debajo del encuadre?». Puede agitar los brazos en un plano largo, pero no en un primer plano, y algunos directores prefieren unos primeros planos realmente imponentes. Si le parece que se encuentra en una situación así, pregunte «¿cuánta libertad tengo aquí?». Si el director le dice que no se puede mover un centímetro, es que no se puede mover un centímetro. En los viejos tiempos se sabía qué clase de plano se estaba montando por el objetivo que ponían en la cámara; antes colocaban en la cámara un pequeño artilugio que decía 40 mm para orientarte. Ahora tienen esos grandes objetivos de zoom, así que yo podría seguir jugueteando con las gafas sin saber que han pasado a un primer plano. ¡En caso de duda, pregunte!

Durante un plano, la cámara no necesariamente se acerca a usted; pero si colocan la cámara excepcionalmente cerca, le aconsejo que empiece a preocuparse, más si es una cámara pequeña llevada a mano. Estas cámaras se desplazan con mucha facilidad y por lo tanto son útiles para los espacios limitados, pero si se acerca demasiado a ellas, entrará en la curvatura del objetivo. El objetivo tira de su rostro hacia atrás en la curva, así que en la pantalla aparecerá con una narizota enorme y las orejas echadas hacia atrás como si fuera en moto de cara a un viento fuerte. Antes utilizaban estos objetivos para fotografiar a chicas en *topless*. A menos que el director tenga pensado ese efecto, le aconsejo que no se acerque más a la cámara en esas ocasiones.

FUERA DE CÁMARA

Por supuesto, no siempre es usted el centro de atención. A veces le toca ser el actor fuera de cámara. Entonces es importante saber cómo colaborar en el primer plano del otro actor, darle las entradas fuera de cámara. Algunos actores aflojan en su interpretación cuando están a salvo, fuera de plano, pero ese planteamiento no les beneficiará, porque afectará a la totalidad de la escena. Actuar no es una competición: hay que hacerlo todo por el bien de la película o todo el mundo pierde, no se trata de procurar quedar mejor que el de al lado. Cuando es usted el actor fuera de cámara, interprete con la misma intensidad que cuando es visible. Para ayudar al actor que está en cuadro, colóquese cerca del operador y acerque la cabeza todo lo posible al objetivo. Esto lleva al otro actor a la posición más ventajosa para él, que es con su rostro bien vuelto hacia la cámara mientras le está mirando. Si estuviera usted actuando con Orson Welles, podría haberse ido a casa en su primer plano. Orson no quería nunca a nadie en su línea de visión, ni siquiera quería que le dieran nunca las entradas. Hacía solo su escenas, dejando las pausas exactamente medidas para las frases del otro actor. Otro actor habría dificultado la concentración de Orson. Prefería imaginarse a ese otro actor y concentrarse en sus propias intervenciones, en lugar de sentirse incómodo con una actuación que no fuera impecable. Y es cierto que muy pocos actores son tan buenos fuera de cámara como dentro, incluso algunos se equivocan al decir sus frases. No sea uno de ellos.

LA CONTINUIDAD FÍSICA

Por supuesto, hay un script que se encarga de tomar nota de cada movimiento, gesto y detalle del vestuario que aparezca en el plano máster, para que todo ello pueda ser duplicado en los planos sucesivos. Pero parte del trabajo del actor de cine consiste en no complicar las cosas. Ya he hablado de lo importante que es no idear acciones embrolladas que dificulten la tarea a todo el mundo, y eso incluye sin duda ninguna el fumar. No fume nunca en un plano largo. Cuando llegue el momento del primer plano, ¿dónde dio esa calada? ¿Cuándo cambió el cigarrillo de mano? ¿Cómo era de larga la ceniza? Empiece a complicar las cosas en el plano máster y puede dar al traste con toda la escena cuando lleguen al primer plano. Una y otra vez oirá decir a algún actor tratando desesperadamente de mostrarse creativo con un «voy a desabrocharme los botones mientras él habla y luego haré esto y luego aquello». Y cuando llega el momento del primer plano, el director dirá «¿dónde hiciste eso exactamente?» y el actor tendrá que confesar «no lo sé». Entonces habrá que volver a rodar el máster, el actor habrá desperdiciado un tiempo y un dinero preciosos, y sin duda alguna habrá reducido sus posibilidades de encontrar más trabajo.

LA CONTINUIDAD EMOCIONAL

Además de ser consciente de la continuidad visual, el actor de cine verdaderamente profesional tiene que ser consciente de la continuidad emocional. En el teatro, la obra sigue su curso en su secuencia ordenada, permitiendo que cada actor sienta la estructura emocional y que la compañía adquiera una sensación de la totalidad. En el cine el resultado final puede ser más realista, pero el proceso es sin duda más artificial. Las películas rara vez se ruedan secuencialmente. Se ruedan en secuencia siempre que es posible, pero la economía tiene la costumbre de desbaratar el programa. Si toda la unidad está en una localización cara, se rodarán primero todas las escenas que se desarrollan en esa localización, sin importar cuándo aparezcan en el guion:

es más barato así. Si la última escena de una película se desarrolla al aire libre, puede dar por descontado que se rodará primero y luego pasarán al estudio para rodar todas las escenas que conducen hasta ella. Puede que ruede el máster por la mañana y que luego salga corriendo por la tarde para rodar otra escena porque el sol ha salido de repente. Luego tendrá que volver en otra ocasión y continuar con la escena de la mañana, y luego quizá hacer el plano medio y el primer plano una semana después. El director le dirá lo que quiere en el primer plano, porque ese es su trabajo. Pero el trabajo del actor es recordar la naturaleza emocional del máster con todo detalle. Esto exige una concentración enorme: tiene usted que evocar una memoria sensorial de la escena en el plano general. Si se había preparado adecuadamente desde el principio —es decir, uniendo la voz con los movimientos caminando hacia atrás mientras decía su frase y luego hacia delante para llegar a la marca—, todo está almacenado en su memoria, esperando a ser evocado. Todo ese trabajo inicial merece la pena porque en el primer plano no solo tiene que repetir lo que hizo en el máster, tiene que hacerlo mucho mejor.

Si durante las escenas en estudio hay una secuencia de pelea y la hace usted maravillosamente pero se desgarra la chaqueta, el script dirá: «Tenemos que volver a hacer la pelea, porque tu chaqueta no está desgarrada en la escena que ya hemos rodado». Hasta le preocupará la posibilidad de cortarse la cara al afeitarse. Durante seis semanas no puede sentarse al sol en su día libre porque le cambiará el color de la piel: nada de sol para usted porque van de un lado a otro con las fotos, comparándole con la escena anterior. Así que se queda quietecito y trata de no cambiar.

La gente dice: «¿No es aburrido pasarse horas ahí sentado?». Bueno, yo no me paso horas ahí sentado sin más: me paso horas ahí sentado pensando en lo que tengo que hacer a continuación.

El arte de la espontaneidad

La actuación cinematográfica es una delicada combinación de cuidadosa preparación y espontaneidad. El arte de acuñar de nuevo los pensamientos y diálogos reside en escuchar y reaccionar como si oyera algo por primera vez. Cuando era muy joven y trabajaba en el teatro de repertorio, un director avispado me dio un consejo. Me preguntó: «¿Qué haces en esa escena, Michael?».

«Nada», respondí. «No tengo nada que decir».

«Eso es un gran error», dijo el director. «Por supuesto que tienes algo que decir. Tienes cosas maravillosas que decir. Pero te quedas ahí sentado escuchando y pensando en las cosas maravillosas que puedes decir, y luego decides no decirlas. Eso es lo que haces en esa escena».

Y ese es el mejor consejo que puedo darle a quien quiera actuar en el cine. Escuche y reaccione. Si está pensando en sus frases, no está escuchando. Reciba su reacción de los ojos de la otra persona, escuche lo que le dice como si no lo hubiera oído nunca antes. Hasta cuando esté ensayando. De hecho, el ensayo puede ser una buena prueba de su espontaneidad: si está revisando los diálogos con otro actor y el ayudante de dirección se acerca y dice «siento interrumpir el ensayo», ha fracasado. Si se acerca y dice «siento interrumpir la charla», entonces va por el buen camino. Las frases deben sonar como una conversación espontánea, en absoluto como una actuación. Y eso se consigue escuchando activamente.

Los actores de cine se ganan la vida y aprenden su oficio escuchando y reaccionando. Me di cuenta de que los actores americanos siempre intentan reducir sus diálogos. Dicen: «Yo no quiero decir todo esto. Di tú esa frase». Al principio no podía comprender por qué, yo venía del teatro, donde dices las frases con avidez. Pero un actor obra con sagacidad al renunciar a frases en las películas, porque mientras tú acabas hablando de ellos, ellos acaban escuchando y reaccionando. No es casualidad que *Rambo* apenas hable. Sylvester Stallone no es tonto. Recuerdo cuando fui a América por primera vez, inmediatamente después de hacer *Alfie*. Me encontré con John Wayne en el vestíbulo del hotel Beverly Hills. Acababa de salir de un helicóptero, iba vestido como su personaje en *Hondo* y se acercó y se presentó a mí. Yo le respondí: «Ya sé quién es usted, señor Wayne».

Él preguntó: «¿Acabas de llegar?».

«Sí».

Y me dijo: «Déjame darte un consejo: habla en voz baja, habla despacio y no digas demasiado».

Cuando contaba que iba a hacer *Educando a Rita*, mis amigos se reían: «¿*Educando a Rita*? Así que la protagonista debe ser Rita; ¿a quién interpretas tú?».

Yo respondía: «Interpreto a un tipo que se llama Frank».

«Bueno», decían, «deberías hacer una película que se llamara *Educando a Frank* si vas a ser la estrella de una película».

Todo el mundo pensó que estaba chiflado. Pero yo sabía que, mientras que en el teatro el público podría haber mirado a Rita porque ella tenía muchas frases, en el cine la cámara tiene que cortar a Frank para captar sus reacciones, de otra forma lo que Rita dice no tiene mayor sentido. No me cansaré de repetirlo: una de las cosas más importantes que puede hacer un actor en una película es escuchar y reaccionar con tanta frescura como si fuera la primera vez que lo hace.

Por supuesto, no es necesario mirar a las personas con demasiada fijeza cuando las estás escuchando. En la vida real, cuando escuchas a alguien tus ojos van arriba y abajo, miras a tu alrededor, juegas con tus gafas y luego miras otra vez a esa persona. Uno de los mejores en la práctica de esta técnica es Marlon Brando. Le niega sus ojos a la cámara. La mitad del tiempo está mirando hacia abajo o hacia otro lado. Luego, de repente alza la vista y te sientes absolutamente fascinado por sus ojos.

La frescura se convierte en una cualidad perecedera después de varias tomas. A mí me llaman Mike *una Toma*. Eso se debe a que me preparo para afrontar el riesgo a la voz de «¡acción!», y me resulta difícil reproducir la misma sensación de peligro incluso en la toma siguiente. Así que generalmente aflojo un poco en la toma dos y más tarde vuelvo a mejorar. Pero he trabajado con actores que nunca lo hacen bien a la primera pero que mejoran con cada toma. El director tiene que hacer malabarismos con las distintas capacidades de cada uno de los actores para encontrar el equilibrio más adecuado para la totalidad.

Es posible que con frecuencia le pidan que repita una escena una y otra vez, ya sea para hacerle llegar al corazón de una emoción o simplemente para agotarlo. El director se muestra implacable con usted hasta dejarlo totalmente agotado. Lo extraordinario del agotamiento es que conduce naturalmente a la relajación. En cada toma, altere usted imperceptiblemente su interpretación para evitar que su actuación se vuelva aburrida o rancia (aunque yo nunca cambio los movimientos físicos, para evitar problemas de continuidad). Puede ser tremendamente molesto cuando te parece que has estado fantástico y el director dice: «Otra vez». Pero la gracia del juego está en al menos no empeorar lo más mínimo. La mayoría de los directores sensatos, una vez que tienen grabado lo que quiere, dice: «Bien. Positivamos esa. Ahora vamos a hacer una más solo porque sí, dejándonos ir, divirtiéndonos, relajándonos». Generalmente esa es la toma que acaba utilizándose, porque todos se sienten tan aliviados de estar libres de la responsabilidad que ofrecen sus mejores actuaciones.

Menos es más. Ese es uno de los mejores consejos que puedo dar a cualquier joven actor de cine. No hacer nada en absoluto puede ser muy útil en las situaciones de reacciones extremas. Por ejemplo, si le ocurre algo terrible en el guion, como que encuentra a su mujer asesinada y cortan a su primer plano, con mucha frecuencia puede mostrar una mirada completamente vacía de expresión. El público proyectará sus propias emociones en su rostro. La actuación reside en la preparación hasta ese momento, no en el momento en sí. No tiene usted que hacer nada, y el público exclamará «¡caramba!». Para el plano final de Greta Garbo en *La reina Cristina de Suecia*, el director le dijo que permaneciera impasible, y el resultado es absolutamente desgarrador. El público sabe lo que siente Cristina, porque la actriz lo ha guiado por las emociones de Cristina en momentos anteriores de la película. Al final, el público hace todo el trabajo.

La voz, el sonido, la iluminación, el movimiento

LA VOZ Y EL SONIDO

Suene como suene su voz, úsela. Es la suya y no hay ninguna razón por la que el personaje que interpreta no pueda hablar como usted. Es posible que tenga que imitar un acento para un personaje determinado, pero esa es otra cuestión. Ser consciente de la propia voz es lo peor de lo peor, destruye cualquier ilusión de realidad. Si trata usted de suavizar su tono de voz, de embellecerla y dulcificarla, puede estar seguro de que sonará a *actuado* en el peor y más anticuado sentido de la palabra.

No obstante, igual que en el teatro, aprenda a modular correctamente la voz. Respire desde el diafragma. Si respira adecuadamente, su voz será agradable al oído porque no tendrá que esforzarse por sacarla. Una voz forzada provoca una escucha forzada. Algunos actores hablan correctamente, pero su voz suena forzada o estrangulada porque solo hablan desde la garganta. De lo único que tiene que preocuparse es de dónde sale la voz, en serio. Respire desde el diafragma y los nervios no tendrán ninguna posibilidad de estrangular su interpretación.

En *Zulú* yo estaba increíblemente nervioso desde el principio, como pueden imaginarse: mi primera gran película, mi primera gran oportunidad. Recuerdo el primer día en localizaciones y todavía me dan escalofríos. Llevaba un uniforme muy incómodo bajo el tórrido sol sudafricano. Tenía que hablar con el acento entrecortado, típico de la clase alta: todo un esfuerzo, como mínimo. Y, para colmo de males, mi caballo me tiró al río tres veces y tuve que andar cambiándome continuamente de ropa. Por último, el maldito caballo se portó lo bastante bien para que yo pudiera decir mi frase: «Día de calor, trabajo pesado».

El director, Cy Endfield, gritó: «¡CORTEN! ¿Por qué hablas con una voz tan aguda?».

Yo dije: «Es el personaje».

«¡No!» dijo. «Te he oído en el ensayo y era distinta. Ahora es más aguda».

Hizo que el técnico de sonido pasara otra vez la frase que acababa de decir. Yo estaba tan nervioso que se me había apretado la garganta, había tensado los hombros y mi voz era aproximadamente una octava más aguda de lo habitual. Tuve que volver a cruzar el río montado en ese maldito caballo, pero esta vez me *obligué* a relajarme y salió bien.

Los actores de teatro tienen que calcular cuándo pueden tomar aliento, porque necesitan controlar el ritmo de un parlamento. Pero en el cine, el ritmo viene con el montaje. El montador puede acortar una pausa si se prolonga demasiado, o alargar otra cuando es necesario. De manera que, cuando actúe en el cine, espacie las palabras como le dicten sus pensamientos. Titubee si el proceso mental es titubeante; apresúrese más si las ideas fluyen con rapidez y soltura. Si está pensando como el personaje y se ha obligado a relajarse, los pulmones harán instintivamente su trabajo. Si no lo hacen, entonces es que el personaje debe tener dificultades respiratorias. Úselo, eso es el naturalismo.

La proyección de la voz es necesaria en el teatro, donde tienen que oírte en la última fila del anfiteatro. En las películas, la proyección no es por lo general necesaria (no preste atención al técnico de sonido: *siempre* tiene algún problema). Los micrófonos sensibles son capaces de captar hasta el tono más bajo. Puede que haya un micrófono de girafa atado a una pértiga por encima de su cabeza, o que lleve un micrófono sobre el cuerpo, conectado a un transmisor. Sea como sea, y según lo exija la ocasión, puede usted hablar en un susurro apenas audible o meter el gas y hablar tan alto como quiera. Pero el técnico de sonido tiene que saberlo de antemano, porque lleva puestos los auriculares. Recuerdo que estaba haciendo un pequeño largometraje en el que interpretaba a una especie de rufián. Tenía que acercarme a un hombre por detrás y susurrar «Vas a morir», y luego dispararle en la espalda. El técnico de sonido tenía el volumen de su equipo alto para poder oír el susurro. Se me olvidó decir la frase y disparé. El técnico de sonido tenía el volumen a tope en los auriculares, y el sonido del disparo casi le revienta los tímpanos. Se marchó a casa y se tomó un montón de aspirinas.

No se deje influir por el ritmo o el nivel de energía del parlamento de otro actor. A veces la actuación contenida puede propagarse como una epidemia. Mantenga su propio sentido del volumen y el nivel de energía en los que se encuentra. Esta conciencia le ayudará también a guardar el *raccord* con su parlamento anterior durante la repetición de una toma, porque a menos que el director le pida que cambie algo en su parlamento, tiene usted que ser capaz de reproducirlo una y otra vez.

LOS ACENTOS

Proceda con cautela. Si decide usar un acento, estará obligado a dedicar al menos el cincuenta por ciento de su concentración a ese acento y agotará una energía muy valiosa que no estará disponible en el momento en el que sea más necesaria. Si le es posible, interprete el papel con su propia manera de hablar. Es siempre preferible a imitar un acento, a menos, por supuesto, que el acento sea la actuación. En *La isla del tesoro*, por ejemplo, Robert Newton basó toda su interpretación en su manera de hablar y dio resultado.

Y en cuanto a los acentos británicos: no es que los americanos no los comprendan, el verdadero problema es que hablamos dos veces más deprisa que los americanos. Si es usted británico y hace una película que va a ser exhibida en los Estados Unidos, hable más despacio. Yo me he ejercitado en hablar muy despacio y los americanos me aceptan, incluso interpretando a un americano. Me aceptaron en una película de Woody Allen ambientada en Manhattan porque digo *elevator* en lugar de *lift*, *sidewalk* en lugar de *pavement*, *apartment* en lugar de *flat*[1], y no hablo de manera entrecortada a la velocidad británica. Utilizo su fraseología y reduzco la velocidad.

Siempre me ha irritado que la gente crea que el acento *cockney* es toda la actuación. Yo he interpretado a tres tipos de *cockney* totalmente distintos en *Alfie*, *Ipcress* y *Asesino implacable* —personajes totalmente distintos— pero todo el mundo decía: «Aquí está otra vez con su consabido papel de *cockney*». Nadie sentencia: «Laurence Olivier nos ofrece otra vez su consabido rey shakesperiano». Así que interpreté a un alemán en *El último valle*. Me pareció que la trampa evidente era interpretar a un alemán como un hombre que intenta imitar el acento alemán, así que decidí interpretar a mi personaje como un alemán que intenta hablar un inglés perfecto. Alquilé discos de dialectos y los escuché sin parar unos cuantos días. Luego me lo quité de la cabeza e intenté hablar un buen inglés, pero con la pauta básica de la pronunciación alemana. Me parece que salió bastante bien.

En *Ha llegado el águila* también era necesario un acento alemán, pero presentaba una variación interesante. Necesitaba dos versiones de un acento alemán. En algunas escenas, se suponía que mi personaje estaba hablando alemán con otros alemanes, pero el guion estaba en inglés, así que cualquier acento tenía que ser casi subliminal. Luego, en otras escenas, el personaje estaba en Inglaterra haciéndose pasar por inglés, hablando la que para él era una lengua extranjera. Para

1 Los términos americanos y británicos que se refieren respectivamente a *ascensor, acera y apartamento. (N. de la T.)*

ese acento inventé una especie de sonido brusco y entrecortado (que fue una solución bastante sutil, espero).

EL SONIDO Y EL DOBLAJE

En las películas británicas, el técnico de sonido trata de eliminar cualquier ruido extraño de la banda sonora, por ejemplo, el ruido de los cubiertos en un plato. Coloca pedacitos de masilla debajo de los platos y todas esas cosas. Los americanos simplemente viven con el estrépito. La razón es que los británicos hacen películas con diálogos y los americanos hacen películas con movimiento. Los cineastas británicos tenemos una tradición teatral, mientras que Hollywood estaba a casi cinco mil kilómetros de distancia del centro teatral de América. En los grandes espacios abiertos alrededor de California primero hicieron películas del Oeste, mientras que en Europa empezamos con Sarah Bernhardt recitando fragmentos de los clásicos. Un técnico de sonido americano dirá: «Ese es el ruido que hace un cuchillo al dejarlo en el plato, así que lo dejaremos así». Pero como actor, puedes ayudarte a ti mismo no dejando el cuchillo en el plato justo cuando dices: «Te quiero, cariño». Y no cierre nunca una puerta o abra un cajón cuando está diciendo su propia frase.

Cuando una película está terminada, es posible que le llamen para hacer algún trabajo de postsincronización o doblaje: intercalar un nuevo sonido (como por ejemplo una parte de su discurso) en lugar de lo que tienen. Quizá pasó un avión en el momento en que decía una de las frases, o quizá el director quiera una modulación diferente. Para mí, la postsincronización es una tarea pesada y penosa, y un trabajo enormemente duro que acaba reduciendo la calidad de mi interpretación en esos fragmentos alrededor de un veinticinco por ciento. El doblaje siempre se hace mucho tiempo después de haber terminado de rodar. Probablemente a esas alturas ya haya hecho otra película. Luego, de repente, vuelve a estar en su antiguo personaje. Ve a esa persona totalmente desconocida en la pantalla, con el pelo raro y bigote, y piensa: «Dios mío, ¿cómo hablaba yo en ese momento?». Yo simplemente escucho un poco de la película y me interpreto a mí mismo.

El doblaje es el control definitivo de la voz en el cine, llegando incluso a veces al punto de emparejar la voz de un actor con el rostro de otro. Un uso legendario de este fenómeno era darle una voz mejor a la amiguita del productor. A veces se graba en la localización lo que se llama una «banda sonora preliminar» o *scratch track*. No tiene una gran calidad técnica, sino que sirve simplemente de guía aproximada. Después del rodaje te llaman para que dobles todo tu papel en el entorno controlado de un estudio. En esas circunstancias a veces es posible mejorar un poco tus palabras originales. Pero, por lo general, la postsincronización es bastante difícil. Puede que tenga que probar varias veces antes de poder sincronizar con precisión el sonido y la imagen, y volver a captar toda su interpretación puede resultar difícil. Es más difícil aún si está doblando la interpretación de otro actor, y lo más difícil de todo es cuando no le gusta lo que ha hecho en esa escena.

Pero la mayoría de los directores prefiere grabar en el plató, porque esos sonidos externos, el ambiente, y esas interpretaciones espontáneas tienen un poder de sugestión que es sencillamente imposible de igualar en el doblaje. La mayoría de los micrófonos son mucho más sensibles que el oído humano, y hay una gran cantidad de pequeños ruidos que enriquecen la banda sonora que se ha grabado en el plató.

Richard Widmark me dio una vez un consejo sobre los ruidos fuertes en el cine: «Ten cuidado con los efectos especiales cuando estés trabajando, sobre todo en los *westerns*».

Yo pregunté: «¿Por qué, Dick?».

«¿Qué?» dijo él. «¿Puedes hablarme por el otro oído?».

Así que le repetí por el otro oído: «¿Por qué, Dick?».

«¿Te acuerdas de todas esas escenas de las películas en las que ves al vaquero que se echa hacia atrás, y el explosivo estalla en las rocas? Habla con cualquiera de nosotros. Todos estamos sordos de un oído».

Henry Fonda, que también estaba allí, intervino entonces para preguntar: «¿Qué es lo que ha dicho?».

Así que le pregunté: «Tú también has hecho muchos *westerns*, ¿verdad, Hank?».

«Sí, ya lo creo».

Todos esos chicos estaban de verdad sordos de un oído. Era el precio que habían pagado por actuar en los *westerns*.

LA ILUMINACIÓN Y LA LUZ CHIQUITITA

La mayoría de las estrellas dominan el lado técnico de las películas porque este conocimiento las beneficia. La realización de películas es en primer lugar un proceso técnico, el misterio que pueda tener es un producto de tu ilusión. Tiene que saber qué clase de luz le favorece más y es más adecuada para cada escena para colaborar plenamente con el técnico de iluminación.

Algunas estrellas son muy puntillosas en cuanto a lo que quieren de la iluminación. Un día, estaba haciendo el papel del actor fuera de cámara para Hank Fonda en sus primeros planos. Yo estaba ahí esperando y cuando estábamos a punto de hacer la escena, Fonda dice: «¿Dónde está la luz chiquitita? ¿Dónde está la lucecita?». El tipo de iluminación dice: «Ah, me había olvidado, señor Fonda. Perdone». Y va y la trae. ¿Siempre le ha maravillado lo estupendo que aparece Hank en los primeros planos? Tiene un brillo en los ojos y una mirada triste y ligeramente líquida. Bueno, pues era gracias a la luz chiquitita. En lugar de mirarme a la cara, colocó esta luz diminuta donde se encontraba mi rostro y miraba directamente a esa luz mientras yo hablaba detrás de ella.

EL MOVIMIENTO

Evidentemente, su manera de moverse se verá afectada por el personaje que esté interpretando; pero el movimiento natural procede de su *centro*, del mismo lugar que una voz natural. Cuando camine desde su centro, proyectará una representación sólida de su persona. Camine con esa seguridad y facilidad y su sendero pasa a ser un centro de gravedad. Su fuerza atraerá todas las miradas hacia usted. Si deja caer los hombros o echa la cabeza hacia delante o tira de los hombros hacia atrás de manera forzada, esa fuerza se disipará. Solo un paso relajado y centrado producirá una sensación de fuerza.

Un paso bien centrado también puede ser muy amenazador. Aunque no consiga trabajo en el cine gracias a este consejo, sígalo de todos modos y nunca le asaltarán. En realidad, si se parece usted a mí de todos modos no le asaltarán nunca, porque por lo general la gente cree que acabo de sufrir un asalto.

Un consejo técnico importante relativo al movimiento: no lo apresure. Dé una oportunidad al operador de cámara. James Cagney me dio este consejo sobre cómo correr: «Cuando el director te dice que vayas corriendo desde allí directo hacia la cámara y la pases de largo, corre como un loco cuando estés lejos, y a medida que te acerques a la cámara, reduce la velocidad. Si no pasarás de largo tan rápido que no se darán cuenta de quién demonios ha pasado». Otro detalle: si está sentado para un primer plano y tiene que alzarse, levántese despacio. No haga ningún movimiento violento o saldrá de golpe de cuadro. Dicho de otro modo, lleve siempre la cámara consigo, dé al operador de cámara el tiempo de maniobrar sus engranajes para seguirlo.

Muchos actores estudian danza o hacen ejercicio para mantenerse preparados para cualquier exigencia física. Están también aquellos que saben que la exigencia nunca llegará debido a sus limitaciones físicas. Pero ya sea usted una persona atlética o no, debería tener una sensibilidad mayor sobre el movimiento en lo relativo a su personaje. En este terreno, acciones físicas bastante mínimas, como movimientos nerviosos de las manos, pueden ser igual de eficaces que una caída sobre el trasero, que exige un gran esfuerzo físico. No necesita ir a un gimnasio para aprender este talento. Lo único que necesita es la observación perspicaz de otros seres humanos.

6

Los personajes

«Para transformarse en un personaje, tiene que robar. Robe todo lo que vea. Puede incluso robar de las caracterizaciones de otros actores; pero si lo hace, robe solo de los mejores»

Desde el momento en que un guion le llegue a las manos, empezará a hacer determinadas deducciones sobre el personaje que va a interpretar. Es como recoger pistas. El guionista le da algunas indicaciones y, si tiene suerte, también contará con la comprensión basada en su experiencia de la vida. También puede usar sus observaciones de otras personas que quizá se parezcan en algún aspecto a su personaje. Cuando interpreté a Frank, el profesor de universidad alcohólico de *Educando a Rita*, lo basé en dos personas que conozco porque, aunque yo sabía lo que es estar borracho, el alcoholismo es otra cosa. Además, no tenía ni idea de cómo se comporta un profesor de universidad (nunca fui a la universidad).

Así que en parte basé el personaje de Frank-*el-profesor-universitario* en un amigo mío escritor que se llamaba Robert Bolt y era un gran profesor. Yo sabía cómo funcionaba con las personas: le había visto hablando y explicando, conocía su estilo. Y para Frank-*el-alcohólico* me imaginé que era otro amigo mío llamado Peter Langan, que fue mi socio en un restaurante y que se comportaba como un alcohólico de proporciones verdaderamente épicas. Combiné estas dos personas para componer a Frank. El día que Peter Langan vio la película, me dijo: «Eso estaba basado en mí, ¿verdad?». Tuve que responder: «Sí».

Para transformarse en un personaje, tiene que robar. Robe todo lo que vea. Puede incluso robar de las caracterizaciones de otros actores; pero si lo hace, robe solo de los mejores. Si ve hacer algo a Vivien Leigh, Marlon Brando, Robert de Niro o Meryl Streep, algo que cuadra con su personaje, róbelo. Porque lo que está viéndoles hacer, ellos también lo han robado.

Los mejores actores de cine se transforman en sus personajes hasta tal punto que el producto no es considerado por el público como una actuación. Es una situación extraña, pero en el cine una persona es una persona, no un actor; y no obstante hace falta un actor para interpretar a la persona. Hace unos veinte años, cuando estaba haciendo *Ipcress*, oí decir al director Sid Furie: «Necesito un carnicero para este papel». Alguien sugirió que buscara a un carnicero de verdad que supiera cómo cortar la carne de de verdad. Furie respondió: «Si tengo un buen actor, tengo un carnicero de verdad. Si tengo un carnicero de verdad, en el instante en que lo coloque delante de la cámara se quedará rígido y solo tendré un mal actor».

Tiene que basar su personaje en la realidad, no en algún recuerdo actoral de lo que es la realidad porque, en último término, el actor es responsable del efecto que quiere conseguir. Woody Allen puede interpretar una escena trágica sobre un tumor cerebral y hacer reír al público. Otro actor puede resbalar en una cáscara de plátano y hacer llorar al público. Pero el público no tiene que ver a *un actor* ni ver cómo giran los engranajes. Tiene que ver a una persona real frente a ellos, a alguien exactamente igual a ellos.

Recuerdo que una vez interpreté a un borracho en una compañía de repertorio y el director me hizo parar y dijo: «¡No estás interpretando a un borracho! Estás interpretando a un actor interpretando a un borracho. Un actor que interpreta a un borracho camina haciendo eses y habla sin articular las palabras; un borracho de verdad intenta caminar derecho y hablar como es debido... los borrachos se esfuerzan por mantener el control». Era muy buen consejo. Y recuerde que, cuando interpreta a un borracho, por una vez sus procesos mentales y su lengua no están conectados: hay un lapso de tiempo antes de que el borracho pueda controlarlo. Dese tiempo para esforzarse, los borrachos no reaccionan con rapidez. Cuando interpreté a Frank en *Educando a Rita*, intentaba controlar la cabeza (que a un borracho se le desploma continuamente sobre el pecho) porque no quería que Rita me viera borracho. Me sentaba de una manera que me hacía parecer treinta centímetros más bajo, porque relajaba los músculos. Los borrachos parecen de alguna manera pequeños, con un aire bastante lastimoso. Es una tragedia que Frank sea un borracho, aunque a veces parezca un personaje divertido.

El género

Nuestras vidas no son comedias o tragedias o dramas. Son una mezcla fascinante, en realidad una aleación de las tres cosas. Cometerá un error si encasilla un guion en cualquiera de estas categorías, porque entonces estará limitando seriamente su personaje. En una comedia, «intentar ser gracioso» es la muerte segura. En primer lugar tiene que ser un hombre o una mujer real. Luego resbalará en la cáscara de plátano y ahí tendrá gracia. Si es usted un comediante que resbala en una divertida cáscara de plátano, no se reirá nadie porque no será usted real. La historia del cine está plagada de grandes cómicos que fracasaron en la pantalla en gran medida porque no eran actores, no podían ser reales allá arriba. Los divertidos números de Jack Benny no fallaron nunca en el teatro, pero al principio, cuando hizo su numerito en la pantalla, fue la muerte. ¿La razón? Estaba representando a un comediante gracioso en lugar de ser una persona real a la que le ocurría algo gracioso. Si quiere usted tomar algo de la experiencia teatral para una comedia cinematográfica, lo mejor es que se fije en la medida de las risas. En las comedias cinematográficas, los actores de teatro encuentran muy útil su experiencia escénica, porque tienen una memoria sensorial de las risas de un público en directo. Yo mido el tiempo de las risas guiándome por las risas del equipo de la película la primera vez que oyeron la escena en los ensayos.

En una película, un personaje es una persona real. Tiene que evitar la tentación de convertir a esa persona real en un tipo. Algunos de los directores de cine primitivos, como John Ford, podían presentar personajes que se convirtieron en arquetipos (por ejemplo, el cocinero del vagón de las provisiones, que es un borracho), pero hacer eso en el cine de hoy supondría arriesgarse a provocar la incredulidad del público. Cuando esté buscando las cualidades que va a utilizar en la construcción de su personaje, evite el planteamiento más obvio siempre que sea posible. Un crítico comparó *Educando a Rita* con *My Fair Lady*, porque en ambos casos la chica cambia cuando su mente y su lengua son liberadas por un profesor. En *My Fair Lady*, Eliza se enamora del profesor Higgins. En *Educando a Rita* habría sido fácil sentirse seducido por el tópico de que Rita y Frank se enamoren, pero no encontré nada de eso en nuestro guion. Tenía la fuerte sensación de que, aunque Frank sí se enamora de Rita, no se habla nunca de ello y es un amor en absoluto correspondido. Si el público de *Educando a Rita* hubiera querido buscar un referente, el modelo podría haber sido el personaje de Emil Jannings en *El ángel azul:* la triste figura que no llega a ninguna parte con la chica. Al público no se le debería ocurrir (excepto quizá a un público compuesto por críticos) buscar una explicación de un personaje en ninguna otra parte que no sea la película que está viendo.

Cuando robe detalles con los que construir un personaje, robe solo lo que era real en primer lugar, no algún estereotipo polvoriento. Como yo sabía que el personaje de Jannings en *El ángel azul* tenía un ingrediente realista para Frank, robé algo de aquello. Engordé dieciséis kilos y me dejé la barba, porque no debería existir nunca la posibilidad de que Rita se sintiera atraída sexualmente por ese viejo gordo y borracho. Pero sospecho que nadie advirtió mi préstamo de *El ángel azul,* porque Frank no era como ese personaje, igual que no era como el profesor Higgins. Frank era único.

Las escenas de amor

Hablando de atracción sexual, las escenas de amor suelen presentar problemas técnicos especiales a los actores. En ellas hay que hacer frente a muchas cosas, aparte de la caracterización. Todo el mundo se pregunta cómo debe ser hacer el amor a un perfecto desconocido delante de la cámara. Bueno, puede que parezca una buena idea reunirse y romper el hielo antes del rodaje, pero yo creo que ese camino conduce al desastre. Corría el riesgo de iniciar la intimidad la noche anterior. Luego, a mitad de la película, se separarían, dejarían de hablarse y todavía les quedan por delante kilómetros de romance cinematográfico.

Yo creo que la manera de hacer frente a las escenas de amor es mostrarse extremadamente profesional en todo momento: esto es un trabajo, esto es lo que nos han pedido que hagamos a nosotros dos —estar en la cama desnudos— y no importa que no nos conozcamos de nada. En realidad pocas veces estará desnudo, pero sí tiene que adoptar posiciones íntimas y, por supuesto, besar de verdad. Mi solución para evitar la posible turbación es bromear mucho sobre el tema, para que la actriz con la que estoy nunca tenga la impresión de que me lo estoy tomando en serio. En el momento en que el director dice «¡corten!», hago un chiste para que la mujer sepa que no había pasión real. Estas escenas podrían resultar violentas, pero las he hecho ya con tanta frecuencia que no hay nada de sensual en ellas. Y luego está el problema para la actriz: tiene que conseguir recrear un estado de ánimo en el que pueda permitir a un extraño acariciarle el culo. Pero todo eso es simplemente parte del trabajo y ninguno de nosotros puede permitirse remilgos al respecto. ¡Pero lo que me hace gracia es que las únicas ocasiones en las que un director te hace una demostración es en las escenas de amor!

Hay una cuestión práctica que hace la vida más agradable a todo el mundo en estas circunstancias: siempre llevo un atomizador para el aliento. Me doy una rociada rápida justo antes de una escena de amor y la actriz me suele preguntar: «¿qué es eso?». Le respondo un «pruébalo», y la rocío también a ella. Nos ayuda a los dos a evitar problemas potenciales.

Pero a pesar de todos los recursos profesionales, puede resultar un tanto embarazoso rodar escenas de amor en una localización muy concurrida. Es necesaria una concentración feroz para ignorar a los importunos. En *Alfie*, tenía que entrar corriendo por Notting Hill Gate —una zona no precisamente poblada por sensibles amantes del drama— y gritar: «¡Cariño! ¡Vuelve! ¡Te quiero!». La gente de la calle empezó a decirme cosas. El director me dijo que no me preocupara por el sonido, porque lo iba a postsincronizar más adelante. Así que me debatí con mi «vuelve, vuelve, te quiero» mientras a nuestro alrededor la gente nos tomaba el pelo. Simplemente tiene que ignorarlo. En el instante en que se sienta ridículo, parecerá ridículo. Concéntrese, ignórelo y relájese. Por supuesto, eso no siempre es fácil. Cuando hice *La trampa de la muerte*, había una escena en la que tenía que besar a Christopher Reeve. Es más alto que yo y, sinceramente, nunca había besado a un hombre en mi vida, aparte de mi padre. Ponerme a tono para la tarea me resultó mortalmente difícil. Hasta cierto punto, las bromas siguieron sirviendo de ayuda, así que le dije a Chris: «Si abres la boca, te mato». Me temo que Chris y yo superamos este problema no a base de técnica o emoción, sino con una botella de coñac que nos bebimos entre los dos.

Los modelos, la investigación y usted

Cuando esté buscando elementos para hacer más real a su personaje, sus herramientas son los aspectos de su propia persona que son pertinentes y sus modelos. La gente siempre piensa que el personaje de *Alfie* tenía una personalidad parecida a la mía, pero aunque yo comprendía a Alfie, no era como él. Basé su personaje en un tipo llamado Jim Slater, mi mejor amigo de juventud. Yo nunca conseguía ligar con ninguna chica y Jim las conseguía a todas. Habría sido perfecto para el papel, solo que siempre estaba demasiado cansado.

También utilicé a Jim como la persona a la que me dirigía cuando tenía que hablarle directamente a la cámara. Normalmente, cuando miras directamente al objetivo el efecto resulta muy falso porque el cineasta está dando al traste con la ilusión de ser el testigo indiscreto de algo real. Pero en *Alfie*, mi personaje hablaba al público por mediación de la cámara, un poco como en la técnica de los apartes teatrales, cuando un personaje se separa de la acción para dirigirse directamente al público. De hecho, cuando hablé por primera vez directamente a la cámara, la traté como si fuera un público numeroso. El director, Gilbert Lewis, gritó: «¡Corten! Acércate más a la cámara. Hazlo como si estuvieras hablando solo con una persona, para que cada una de las personas del público sienta que la estás eligiendo personalmente a ella». Entonces interpreté el momento como si estuviera hablando con Jim. Nos caíamos bien, y Jim estaba verdaderamente interesado en lo que yo tenía que decir. Él habría apreciado especialmente comentarios como «está en muy buen estado», cuando Alfie acariciaba el culo de una mujer, porque Jim solía decir cosas así. Esa confianza en el aprecio de Jim es lo que me ganó la connivencia del público de la película, aún cuando no aprobaran realmente las andanzas de Alfie.

A veces tienes que interpretar a un personaje con el que no tienes absolutamente nada en común. En *Una inglesa romántica*, me eligieron para un personaje totalmente opuesto a mi tipo, la clase de hombre al que yo despreciaría si lo encontrara en la vida real. Era totalmente incapaz de emprender alguna acción eficaz. Ahora bien, yo no soy por completo un hombre de acción, pero en el peor de los casos soy un catalizador: este personaje al que interpretaba simplemente permitía que todo saliera mal en su vida sin hacer nada al respecto. Era un rico novelista que vivía en un lujoso barrio habitado por corredores de Bolsa, codeándose con pseudointelectuales y no hacía absolutamente nada para evitar que su mujer se embarcara en una aventura amorosa. El personaje no tenía absolutamente ninguna química conmigo: todo en ese papel iba contra mi naturaleza.

Pero una vez que ha llegado a una conclusión así sobre un personaje tiene que quitársela de la cabeza. En la vida real, cada persona está siempre en sintonía con sus propios motivos y yo tenía que encontrar las razones para el comportamiento de este hombre. Acabé por disfrutar enormemente del papel, porque sumergí mi propia personalidad por completo y me lo inventé todo.

Si yo iba al norte, hacía que este personaje fuera al sur; si algún comportamiento me resultaba extraño, suponía que probablemente fuera adecuado para él.

En las películas históricas, la investigación a veces puede ser una guía valiosa para encontrar lo que es real para un personaje. A menudo tenemos creencias estereotipadas sobre el comportamiento de la gente en otras épocas y lugares, y con frecuencia la investigación desmiente un estereotipo y hace la vida más interesante para el actor. Por ejemplo, en *Zulú* me dieron el papel de un insulso y aristocrático oficial victoriano. Ahora bien, mi posición en aquella película no era lo bastante fuerte como para plantear propuestas radicales sobre la interpretación. Había conseguido ese papel por pura chiripa. Originalmente había ido a hacer una audición para el papel de un soldado *cockney*, pero ya habían elegido al actor. No obstante, como yo era alto y rubio por lo visto tenía el aspecto de un inglés distinguido y el director, Cy Endfield, me preguntó si podía imitar un acento de clase alta. Así que pasé rápidamente a mi acento de Eton y dije: «Por supuesto, señor Endfield, llevo años haciéndolo». Me hizo una prueba de pantalla, durante la cual di muestras de mi absoluto terror. A la noche siguiente se acercó a mí en una fiesta, después de ignorarme durante casi toda la velada, y me dijo: «Esa fue la peor prueba que he visto en mi vida». Pensé, vale, así que no tengo el papel. «Pero», continuó, «tienes el papel porque nos vamos el lunes y no podemos encontrar a nadie más».

Cy Endfield y Stanley Baker (que era el productor y también la estrella) veían a mi personaje, el teniente

Gonville Bromhead, como un intelectual sin agallas que se ocupaba de la guerra como si fuera un partido en los campos de juego de Eton. Stanley quería que el personaje fuera interpretado como el típico petimetre enclenque de clase alta, en contraste con el personaje interpretado por él. Pero yo había encontrado un libro de historia en una librería de segunda mano de Charing Cross Road con una fotografía del verdadero teniente Bromhead. Medía un metro setenta, lucía una barba negra y no tenía nada que ver con el majadero inseguro y aristocrático que ellos habían imaginado. Le enseñé la foto a Baker, diciéndole: «Mira, Stan, ya sé que tu personaje tiene que dominar a mi personaje al final porque esa es la historia. Pero, ¿no sería mejor dominar a un hombre que es fuerte y cree en sí mismo, en lugar de la clase de tipo que dice "Hola, muchachos, y todo eso"? ¿El tipo de hombre que todo el mundo sabe de inmediato que Stanley Baker puede hacer picadillo sin esfuerzo? No habrá choque de personalidades a menos que mi personaje tenga algo de fuerza».

Baker y Endfield lo pensaron y estuvieron de acuerdo conmigo. Así que me permitieron interpretar al teniente Bromhead como un personaje bastante distinto del descrito en el guion. Y ese papel fue mi primera gran oportunidad. Como mínimo, corregimos la visión estereotipada de los oficiales victorianos como caricaturas de la aristocracia.

El hombre que pudo reinar, que fue adaptada a partir de una historia escrita en 1888 por Rudyard Kipling, fue otra película en la que el conocimiento de los antecedentes históricos demostró ser indispensable. El director, John Huston, llevaba años intentando realizar esta película. Lo cierto es que intimidaba un poco enterarse de que originalmente había querido a Clark Gable y Humphrey Bogart para los papeles que interpretamos Sean Connery y yo. Yo fui elegido para el papel de Peachy y Sean interpretaba a Danny: éramos un par de granujas, antiguos sargentos en el ejército de la reina Victoria y ahora traficantes de armas en la India, que planeábamos establecernos como reyes en una remota fortaleza de los Himalayas.

Todos pasamos días enteros hablando del guion antes de rodar un solo metro porque Huston quería que adquiriéramos una visión victoriana de la sociedad. Por ejemplo, Peachy tenía que lanzar a un indio fuera de un tren en marcha sin ninguna razón justificada. Desde un punto de vista contemporáneo, parece algo inexplicable y bárbaro. Pero desde el punto de vista de los valores victorianos, esta actitud despótica hacia los nativos era la norma. Además, Peachy y Danny habían sufrido sus propias humillaciones en su patria, como miembros de la clase trabajadora en una época en la que las divisiones de clase en Inglaterra eran tan duras como lo era el *apartheid* en Sudáfrica. Así que, cuando tiré a ese indio fuera del tren, tuve que tener presente que Peachy bien podría haber sido arrojado fuera de un tren por un miembro de la aristocracia inglesa.

Todo el mundo nos repetía a Sean y a mí que estábamos haciendo otra *Dos hombres y un destino*. No era verdad. No es buena idea entrar en el juego de las imitaciones: lo único que se consigue es una mala copia. Pero Sean y yo sí que llegamos con bastante rapidez a la conclusión de que teníamos que compartir el protagonismo, y compartirlo con generosidad. Teníamos que ofrecernos el uno al otro una total colaboración en interés de la película. Teníamos una alternativa: podíamos hacernos sombra mutuamente y conseguir primeros planos individuales, o podíamos llevar al otro al primer plano en las frases más interesantes y mejorar la película en su totalidad. Fue la mejor relación de trabajo que he tenido en mi vida con otro actor: nos dábamos mutuamente todo el tiempo necesario. Hizo que nos resultara mucho más fácil transformarnos en esos personajes.

Pero el gran John Huston también nos ayudó enormemente. Consiguió consolidar mi personaje para mí con una sola frase. Yo debía llevar rodando un par de días cuando Huston dijo: «¡Corten! Michael, habla más deprisa: es un hombre honrado». Como yo hablaba despacio, daba la impresión de que intentaba calcular el efecto que estaba produciendo. La observación de Huston había dado en el clavo. Los hombres honrados hablan deprisa porque no necesitan tiempo para hacer cálculos.

Después de tres días de rodaje, Huston ya no nos llamaba por nuestros nombres; éramos Danny y Peachy. Sean y yo llegamos a un punto en el que no solo podíamos improvisar parte del diálogo, sino que este director, que durante veintiséis años había mimado ese guion escrito por él en colaboración, nos permitía realmente improvisar en los diálogos.

7

El comportamiento dentro y fuera del plató

«Sea cual sea la razón, si empieza a gritar y a vociferar, hace el ridículo, y se siente ridículo, y todo el mundo le pierde el respeto»

El chupacámara, el robaescenas y el acaparador

Casi sin excepción, los actores se ayudan entre ellos. En la industria del cine, la lista de personas cuyas carreras quedaron repentinamente frenadas es la misma que la lista de actores que se buscaron enemigos o intentaron hacer alguna jugarreta. De todos modos, esa clase de comportamiento por lo general no da resultado porque el jefe —el director— está vigilando. Sabe lo que parece forzado y quién está tratando de fastidiar a otro actor. Y si el director pasa por alto los trucos, el público los percibirá subliminalmente. Puede que no comprenda cómo se ha llevado a cabo una determinada trampa actoral, pero tiene su instinto y pensará: «No me ha gustado ese actor». En realidad, la clase de trucos sucios que utilizan estos actores son bastante transparentes. Como en el teatro, está el Chupacámara: retrocede continuamente unos pasos de manera que los otros actores tengan que volver la espalda a la cámara para interactuar con él. Luego está el Robaescenas: es el tipo que introducirá un pequeño movimiento de las manos o un giro de la cabeza durante tu momento de tensión para distraer la atención de ti. El Acaparador utiliza una maniobra ligeramente más sutil: reduce la velocidad que se ha marcado en los ensayos, dilata las pausas, habla con más titubeos y en general prolonga el tiempo que la cámara está sobre él y acapara así la escena.

Pocos actores se rebajan realmente a hacer esto, y generalmente los directores no lo toleran. Pero ocasionalmente solo el otro actor advertirá el truco, y yo recomiendo que se defienda con las mismas armas; por lo general da excelentes resultados.

Los temperamentos

A la larga, no ganars mucho terreno consintiendo que otras personas se muestren temperamentales. Si te colocas en la posición de ceder ante las personas temperamentales, se merecerá todo lo que te ocurra. Durante el rodaje de *El mago*, tuve un enfrentamiento no tanto con Anthony Quinn como con los que se arrodillaban ante él. Todos los días recibíamos un comunicado de uno de sus cortesanos, «hoy Tony está de muy buen humor», o «cuidado, hoy Tony está de un humor de perros».

Un día pregunté: «¿Ha preguntado él alguna vez de qué humor estoy yo?».

El cortesano se sorprendió: «¿Por qué iba a hacerlo?».

«Si tienes que preguntarlo», respondí, «más vale que tome el siguiente avión de vuelta a casa». Y salí en dirección al aeropuerto. Me convencieron para que volviera, pero yo había dejado claras las cosas.

Soy totalmente contrario a inmiscuirme en las actuaciones de los demás. Preocúpese de su propia aportación y deje las de todos los demás para el director. Puede que esté buscando cualidades que a usted nunca se le hubieran ocurrido o puede que monte la escena de una manera que usted nunca habría imaginado. Y hagan lo que hagan los otros actores —detenerse, equivocarse—, continúe su escena hasta el final o hasta que el jefe diga «corten».

El seguro

El seguro puede parecer un tema muy prosaico. ¿Qué tiene que ver con la actuación cinematográfica? Pues bien, en un plató el script toma nota de todo lo que ocurre, incluyendo la causa del retraso en una toma; por ejemplo, «llovió» o «la puerta se salió de sus goznes». El script escribe también: «Actor X, una hora tarde», si ese es el caso. Si una película se retrasa en el calendario y el presupuesto se dispara, el productor acude a su compañía de seguros, y la compañía de seguros pide que le enseñen el guion de la script. Si su nombre aparece con mucha frecuencia en esos papeles, se encontrará con que de repente no le llegará ninguna oferta de trabajo. No importa que sea una gran estrella; la historia del cine está llena de personas que eran inasegurables. Orson Welles, uno de los mayores talentos del cine, era incapaz de acabar una película a tiempo, y por consiguiente tenía enormes problemas para conseguir dinero.

Las escenas de riesgo

Las películas plantean a menudo enormes exigencias físicas al actor; pero el actor que le diga que hace personalmente todas sus escenas peligrosas es un mentiroso redomado. Las compañías de seguros impiden casi siempre a los actores que hagan sus propias escenas de riesgo. Cuando se golpee la cabeza, el dolor de cabeza será para el agente de seguros.

Pero, por supuesto, en algunas películas, en interés de la autenticidad, tendrá usted que aprender determinadas habilidades, algunas de las cuales quizá no le resulten en absoluto placenteras. Los actores que no saben montar pueden no obstante tener buena estampa sobre un caballo, al menos mientras la cámara está rodando. Pero es posible que se caigan cinco segundos después del «¡corten!». Yo tuve que aprender a bucear para *Más allá del Poseidón*. Nunca me creí capaz de hacerlo porque soy claustrofóbico. Pero me las arreglé. Y había siempre un buzo profesional cerca, por si acaso. Si yo alzaba la mano, me llevaría rápidamente a la superficie: era como pedir permiso para ir al lavabo.

Lo fundamental es saber dónde poner el límite. Si es necesario, puede decir que no. Después de todo, usted es su propia mercancía. Su cuerpo y su cara son todo lo que tiene que ofrecer, así que necesita cuidar de ellos. En *El cerebro de un billón de dólares*, que se rodó en localizaciones en Finlandia, el director, Ken Russell, quería que yo saltara dentro de un agujero en el hielo. Yo tenía un doble finlandés, así que me acerqué a él y le dije: «¿Quieres ganar un poco de dinero extra? Caliéntate en la sauna y luego salta a ese agujero en el hielo».

Él me miró: «¿Qué?»

Yo dije: «Ya sabes, como hacen los finlandeses».

Él respondió: «Los finlandeses no hacen eso, tendrían un ataque al corazón».

Así que él también se negó a hacerlo.

En *La isla,* retrasé el rodaje durante horas al negarme a entrar en el agua porque había un tiburón. El director, Michael Ritchie, me preguntó cuándo había sido la última vez que había oído que una estrella de cine había sido devorada por un tiburón. Dije: «La última vez no me preocupa, lo que me preocupa es la primera vez. Y no pienso pasar a ser la primera estrella de cine devorada por un tiburón».

La única ocasión en la que le pedirán que haga una auténtica escena de riesgo (que es precisamente cuando no debe hacerla nunca) es en el último día de rodaje, cuando no les importa un comino lo que le ocurra. De todos modos, si se para a pensarlo, ¿a qué viene pedirle a un actor que haga una escena arriesgada cuando hay un tipo en el plató que lleva toda la vida preparándose para ese trabajo? Es egoísta robarle su oportunidad a un especialista. Así que, recuerde, si un actor le dice que hace sus propias escenas peligrosas, o es un mentiroso o es egoísta o las dos cosas.

Pero un día se encontrará usted en un estudio y el técnico de efectos especiales se acercará y le dirá algo así: «A la voz de "Acción", haremos estallar ese muro, pero no te preocupes; se derrumbará lejos de ti. El tejado se desplomará, pero no te preocupes; no te caerá encima. El suelo se abrirá y te caerás al agua, y hay un tiburón, pero no te preocupes; le hemos sacado los dientes. Luego, cuando salgas del agua, una serpiente venenosa se deslizará por tus piernas, pero no te preocupes; tenemos a un experto del zoológico que acaba de ordeñarla».

Y tú le respondes: «Señor don Efectos Especiales, primero quiero ver cómo lo hace usted».

Él se excusará: «No tenemos tiempo. Lo haría encantado, ya lo sabes, pero tendríamos que volver a preparar el explosivo, sacar la serpiente de la pernera de mi pantalón, volver a colocar el tejado... Hacer todo eso costaría quince mil dólares en tiempo perdido, se tardaría toda la tarde en recomponerlo. Si no fuera por eso, lo haría».

Tú le miras y le dices: «Hágalo usted primero».

Pida siempre que un especialista le haga una demostración antes de hacerlo.

La profesionalidad

Como actor protagonista de películas, le pagan para que levante una película el primer día de rodaje, se la cargue sobre los hombros y la lleve triunfalmente hasta el final. Pero esto no le dará ningún derecho a portarse como un divo. Yo estuve trabajando en una película con otra gran estrella masculina y, como un día le hicieron perder el tiempo y le tuvieron esperando, a la mañana siguiente, cuando llegamos al plató a las ocho y media, envió un mensaje diciendo: «Como ayer me hicisteis esperar cuatro horas, hoy voy a llegar con cuatro horas de retraso». No podíamos trabajar sin él, así que nos quedamos todos ahí sentados. Todo el mundo me estaba observando porque yo era el otro protagonista; se preguntaban cómo iba a reaccionar cuando por fin apareciera. Así que cuando apareció, lo llamé con un «ven aquí». Él tenía un aire un poco sombrío, porque pensaba que iba a tener bronca conmigo. Le dije: «Gracias a Dios que has hecho eso. Me he pasado toda la noche de juerga, así que estaba muy cansado y no me había aprendido el diálogo. No me sabía esta maldita escena. Ahora he dormido tres horas, me he aprendido el diálogo y todo es estupendo. La cuestión es que esta noche tengo una fiesta, ¿puedes volver a hacerlo mañana?». Nunca volvió a llegar tarde.

Antes yo perdía los estribos. Me salía de mis casillas con bastante rapidez en una situación de trabajo. Luego trabajé en una película titulada *The Last Valley*, de James Clavell, quien había sido prisionero de los japoneses durante la Segunda Guerra Mundial. James parece inglés, pero en realidad piensa como un japonés. Un día perdí los estribos, y James simplemente se me quedó mirando: me dejó terminar con mis voces y mis improperios. Luego dijo: «Ven conmigo, Mike. Vamos a sentarnos un poco más allá». Me hizo sentar y me habló de la teoría japonesa de la pérdida de prestigio. Sea cual sea la razón, si empieza a gritar y vociferar, hará el ridículo, se sentirá ridículo, y todo el mundo le perderá el respeto (aunque le esté gritando al productor). No he vuelto a perder los estribos cuando estoy trabajando. Y nunca, jamás, bajo ninguna circunstancia, grite a nadie que ocupe un puesto inferior al suyo. Eso sería aprovecharse de una manera horriblemente injusta.

Enfocar bien las primeras pruebas

Al final del día, las personas que trabajan en una película a veces van a ver las primeras pruebas. Yo no voy nunca.

Todo el mundo se compra el yate después de ver las primeras pruebas y se arruina en el estreno. Todas las personas con las que hablas de las primeras pruebas dicen que son maravillosas. Preguntas en maquillaje «¿qué tal las primeras pruebas?», y responden: «Maravillosas. La barra de labios de ella estaba maravillosa». Preguntas en peluquería «¿qué tal las primeras pruebas?», y te dicen: «Maravillosas. Tendrías que haber visto tu peluca. Quedaba estupenda». Todo el mundo está pendiente tan solo de lo que le interesa. Si va a las primeras pruebas, solo se observará a sí mismo. Pero lo cierto es que su personaje debería ser un extraño para usted porque es otra persona. El director, si es bueno, le dirá qué tal ha estado con mucha más precisión que las primeras pruebas. A mi modo de ver, lo único que puede averiguar en las primeras pruebas es si ha salido enfocado, y aún así es posible que el proyeccionista haya metido la pata. También me llaman Mike el Salida Rápida, porque en el momento en que oigo «¡corten! ¡Se acabó por hoy!» me largo a toda prisa.

Aquí tienen un último consejo con moraleja para los actores de cine. Es algo que he observado después de asistir a fiestas de Hollywood con actores y productores con grandes nombres. Cada vez que he visitado la casa de un actor, tenía las paredes cubiertas de fotografías de sí mismo. Cada vez que he visitado la casa de un productor, tenía las paredes cubiertas de lautrecs, van goghs y picassos. Simplemente téngalo presente.

8

Los directores

«Tiene que ser flexible. Los directores hacen una cantidad ingente de planificación y trabajo en casa y, si después de todo eso su director decide tirarlo todo por la borda y rodar espontáneamente, tiene que seguir sus indicaciones»

Básicamente, la palabra del director es ley. Por eso dicen que el cine es «un medio para directores». Y hay algunos actores que pueden aceptar la dirección y otros que no. Los que tienen éxito escuchan al director y trasladan inmediatamente a su actuación lo que les dice. Asimilan su dirección directamente en su corriente sanguínea. A veces un director se queda a tu lado, cuidando de ti durante cada momento de una toma. Ese es un director de actores. Otros no se relacionan con los actores en absoluto: le desafiarán casi a que ofrezca una buena interpretación. En cualquier caso, no espere ninguna alabanza. Si un director está satisfecho con su trabajo, pasará al siguiente plano; si no, no lo hará. Esa es la única señal que recibirá. Joe Mankiewicz era verdaderamente maravilloso a ese respecto. Sabía lo que deberías buscar, sabía lo que tenías y también sabía cuándo lo tenías. Era uno de esos directores que no decía nada si le gustaba lo que veía; pero si empezaba a hacerte preguntas, cuidado: sabías que no lo tenías. Si decía algo, como «¿por qué la has señalado a ella en esa frase?», estabas en un lío. Un lío afortunado, porque ha visto algo en el gesto que no era del todo real. Mankiewicz se quedaba contigo hasta que volvías a encontrar el rumbo. No descanse. No se resista. Su oficio tiene que ser lo bastante flexible para ser moldeado una vez y otra y otra hasta la toma definitiva.

Pero no todos los directores son Joe Mankiewicz. Hay directores buenos y directores malos: de ambos se aprenden cosas. De un mal director puede aprender el arte de la supervivencia, cómo ofrecer y mantener una actuación totalmente procedente de su interior. Y este arte, como la mayoría de las artes, está basado en el oficio: el oficio de ser un auténtico profesional. Su confianza en sí mismo es simplemente parte de la profesionalidad. Para lo bueno o para lo malo, hasta que la limusina deje de pasar a recogerlo por las mañanas, está usted casado con ese director. O bien aprende a amarlo, o lo finge. Sin embargo, si se encuentra con un tonto redomado, como le ocurrirá alguna vez, todos vuelven al camerino y dicen: «Vamos a hacer esto nosotros». Me ocurrió en una película cuyo nombre no voy a mencionar. El director andaba perdido por el espacio exterior y estaba claro que solo había comprado un billete de ida. Creo que también es posible que fuera aficionado a determinadas sustancias. Bueno, medimos su altitud desde el principio y discretamente decidimos ocuparnos nosotros mismos de todo. Y él recibió los honores de haber dirigido una película fabulosa. Por otra parte, en una ocasión trabajé con un director que era un alcohólico absoluto y redomado y perfectamente competente al mismo tiempo. Estaba borracho todo el día y ninguno de nosotros se daba cuenta. Hasta que se cayó en una zanja. Pero estos extremos son muy raros, porque una vez que la gente de los seguros introduce ese pequeño rasgo de carácter en su expediente, se la ha ganado. Y no escriben precisamente un «muy divertido en las fiestas». Estará fuera. Y *fuera* no quiere decir «por aquí» o «en el estado». Fuera significa en el mundo entero. Los agentes de seguros de la industria del cine viven en la aldea global, no le perderán nunca de vista.

Como es natural, habrá ocasiones en las que el actor y el director no estarán de acuerdo. Lo que yo hago es negociar con ellos. Digo: «Muy bien, lo haremos a tu manera, ¿pero no podemos intentarlo también a mi manera para que lo puedas ver en las primeras pruebas?». Un actor nunca tiene la oportunidad de elegir qué toma se utilizará finalmente, pero puede pedir que la toma de su elección se revele para que todos puedan verla. Normalmente el director responde: «Sí, claro, muy buena idea», y luego por lo general se olvida del asunto. Pero si no lo olvida, y va a las primeras pruebas, lo más probable es que se dé cuenta de que el director tenía razón. Realmente no puede juzgarse a sí mismo con tanta claridad como el director; generalmente su visión demostrará ser más acertada que su propio instinto. En cualquier caso, es el jefe, y más le vale confiar en él. Algunos actores son incapaces de transigir, de negociar. Hay grandes peleas. Si es usted un actor joven o nuevo en el cine, le aconsejo que deje dirigir al director y se concentre en su trabajo: seguir sus indicaciones.

Los distintos directores convocan ensayos por distintas razones. Algunos organizan ensayos en interés del trabajo de la cámara, para planos que son técnicamente difíciles. ¡Algunos incluso convocan ensayos para los actores! Un director ensayará una película dos semanas antes de empezar a rodar. Otro director ensaya una escena y luego —¡bam!— rueda la toma. Se acabó.

Woody Allen se limita a grabarlo todo desde el mismo principio, así que no es posible distinguir el ensayo de la toma. Se limita a rodar y rodar. Nunca se cubre en los primeros planos. Es todo un único plano largo que se prolonga eternamente. En *Hannah y sus hermanas*, algunas de las tomas requerían rodar por toda la casa con la cámara haciendo un giro de trescientos sesenta grados. Además no era un plató, era un auténtico apartamento en Nueva York, una casa de verdad. Entrábamos a las ocho y media de la mañana, hacíamos el ensayo mecánico de la escena y rodábamos a las ocho de la noche, porque se tardaba muchísimo en iluminar. Woody lo ensaya todo hasta el más mínimo detalle; su cámara se convierte en un microscopio. Puede que sus películas parezcan improvisadas, pero son llevadas a ese punto mediante sólidos ensayos, ensayos y más ensayos. En la cámara, el ritmo de trabajo con la sensación de ensayo —sin la tensión de una toma— contribuye a que los actores estén muy relajados y dispuestos a utilizar la imaginación.

Otros directores lo desglosan todo. Como John Huston. Cortaba en mitad de un máster porque en su cabeza tenía claro dónde quería el primer plano, no necesitaba cubrirse rodando un máster hasta el final. Un director menos experimentado querría tener todo ese metraje para cubrirse por si cambia de opinión más adelante durante el montaje, pero Huston era un maestro del oficio. Probablemente ya tuviera una opinión formada antes de empezar el rodaje.

Brian de Palma tiene una personalidad un tanto fría, pero le admiro como director y como técnico. Así que cuando me ofreció trabajar en una película de terror bastante extraña titulada *Vestida para matar*, pensé que era un riesgo que podía merecer la pena. Era muy exigente, y con frecuencia seguía rodando y rodando hasta que conseguía exactamente lo que quería. Recuerdo una secuencia de nueve páginas que incluía un giro de trescientos sesenta grados de la cámara para la que hicieron falta veintiséis tomas (un récord para mí): cada vez que los actores hacíamos bien la escena, la cámara la hacía mal, y viceversa. Se tardó un día entero en rodar esa sola secuencia.

A veces un director insiste en hacer muchas tomas por razones que tienen poco que ver con perfeccionar el oficio. Hay una famosa anécdota que cuenta Jack Hawkins sobre el rodaje de *Ben Hur*. Él y Stephen Boyd estaban interpretando una escena, y el director, Willie Wyler, no paraba de repetir: «No, hacedlo otra vez».

Los actores preguntaron: «¿Qué es lo que tenemos que hacer distinto?».

Wyler decía: «No lo sé. Simplemente hacedlo otra vez».

Dos días después, cuando estaban en la toma ciento cincuenta, Wyler dijo por fin: «Positívalo».

Jack perdió los estribos: «¡Si lo hemos hecho exactamente igual que en las últimas cien tomas!».

Y Wyler respondió: «Ya lo sé, pero el siguiente plató todavía no estaba preparado».

Algunos directores tienen fama de bravucones. Pero un bravucón necesita una víctima, y tiene que dejar claro que usted no da el tipo. Antes de empezar a trabajar en *La noche deseada*, conocía la reputación que tenía Otto

Preminger de meterse con la gente. Así que nada más conocerlo le dije: «No tienes que gritarme».

Sorprendido, preguntó: «¿Por qué piensas que voy a hacerlo?».

Con calma, respondí: «Algunos amigos míos trabajaron contigo en *Santa Juana* y me dijeron que gritabas».

Él dijo: «No deberías hacer amistad con malos actores. Yo solo grito a los malos actores».

Nunca me gritó porque yo había planteado el problema desde el primer momento. Y aprendí de él cómo se hace una toma larga en una película: siete minutos de duración.

Pero no crea que no hay directores amables. Carol Reed llevaba su tacto a tal extremo que, para no herir el orgullo de un actor, disimulaba la razón por la que había dicho «¡corten!». Carol siempre llevaba un clavo o una moneda en la mano, y cuando tenía que parar una escena porque no iba bien o porque el actor había metido la pata, dejaba caer el clavo al suelo y decía: «¡Corten! Tiene que haber silencio, ya lo saben. Ahora, ya que de todos modos hemos parado, ¿les importaría volver a hacerlo?».

Algunos directores le pedirán que improvise en una toma, una manera espontánea de trabajar que puede llenar de pánico a los actores que tienen miedo de la más mínima alteración en el plan de trabajo, de la menor desviación del guion. Pero los cambios en el guion se hacen de forma rutinaria en el último momento, simplemente porque el guionista no ha tenido en cuenta la realidad física del plano. Tiene que ser flexible. Los directores hacen una cantidad ingente de planificación y trabajo en casa, y si después de todo eso su director decide tirarlo todo por la borda y rodar espontáneamente, tiene que seguir sus indicaciones. No está usted trabajando en una fábrica. Un escenario cinematográfico se parece más a una cama elástica. Incluso con el guion meticulosamente preparado de John Huston para *El hombre que pudo reinar*, se esperaba de nosotros que improvisáramos. Recuerdo una escena en la que yo estaba enseñando la instrucción a unos reclutas. Ahora bien, estos reclutas eran todos árabes que no comprendían una palabra de inglés. Así que les enseñé la instrucción de verdad, inventándomelo todo sobre la marcha. Había un incompetente espectacular en la primera fila, lo que me dio la oportunidad de hacer una escena muy divertida. Algo que no podría haber ocurrido si me hubieran dicho que me atuviera al guion.

Los guiones de cine no son las Sagradas Escrituras. Como si quisiera demostrar su falibilidad, el primer día de rodaje de *Ipcress* el director puso el guion en el suelo, le prendió fuego y dijo: «Eso es lo que pienso de eso». Todos nos quedamos allí, mirándonos los unos a los otros. Yo estaba un poco desconcertado. «¿Qué es lo que vamos a rodar?» dije. Al final, el director usó mi copia del guion, pero me permitió improvisar mucho. Mi escena preferida era una secuencia en la que yo estaba haciendo la compra en el supermercado mientras hablaba con el personaje M, el jefe del servicio secreto. El director nos dio unas cuantas indicaciones y allá fuimos: tres minutos de diálogo improvisado.

A veces puede acabar tomando la iniciativa de los cambios sin que el director se lo pida. En *Un puente lejano*, tuve la suerte de estar al lado del hombre al que estaba interpretando, el teniente coronel Joe Vandeleur, justo antes de tener que conducir a la batalla una columna de tanques y vehículos blindados. Siempre me había parecido que mi frase del guion «adelante, al ataque» no sonaba auténtica, así que le pregunté qué es lo que había dicho realmente el día de la batalla. Me dijo: «Solo dije en voz baja por el micrófono: "Bueno, vamos allá entonces"». Y esa es la frase que dije. Me sentí mucho más seguro como actor al saber que la frase del personaje había sido puesta a prueba en el campo de batalla.

La improvisación puede dar excelentes resultados si el ambiente es relajado y está en sintonía con su personaje. Por supuesto, no debería dárselas de creativo con el guion a menos que sepa que puede mejorar realmente lo que ya está sobre el papel. Hice una película titulada *California Suite*, escrita por el gran autor de comedias norteamericanas Neil Simon. Visitó el plató el primer día, se acercó a Maggie Smith y a mí y nos dijo: «Escuchad, si se os ocurre algo gracioso, ya sabéis, improvisaciones, incluidlas. Pero decidme antes cuáles son. Y más vale que sean más graciosas que lo que yo he escrito». Pensamos y pensamos. Nuestra licencia poética pesaba sobre nuestras conciencias. Y ni que decir tiene que nunca improvisamos una palabra.

Incluso si el director no monta la película él mismo, tiene desde luego la última palabra sobre la versión definitiva. El montaje puede alterar la velocidad y los ritmos de la actuación. De hecho, para eso está. No solo orquesta el ritmo al que se pronuncian las frases: también determina la atención que recibe su personaje, si está en un primer plano o forma parte de un grupo. El montaje puede moldear una gran parte de su actuación y con él se puede hacer o desbaratar una carrera. Por supuesto, el peor destino es que le eliminen totalmente, a menos que su actuación fuera tan mala que tenga la suerte de que nunca vaya a verla nadie. Pero es posible que incluso una actuación muy buena tenga que eliminarse si añade elementos superfluos a una película en la que están buscando maneras de reducir el metraje. Por otra parte, una actuación mediocre puede recibir una inyección de vitalidad gracias a un montaje hábil: el ritmo puede afinarse y los momentos desafortunados abreviarse o eliminarse. Cortar a un plano de reacción fuerte cuando está diciendo una frase ligeramente fuera de tono puede dar la impresión de que fue pronunciada de manera mucho más eficaz de como lo fue realmente.

De los montadores pienso lo mismo que de los directores: conocen su trabajo. Usted y yo estamos apostando por que sus decisiones sean adecuadas para la película en su totalidad, y que en último término lo que sea bueno para la película es bueno para nosotros. Hace poco doblé una película titulada *Sin pistas* y tuve la oportunidad de ver la versión montada. En la película había un duelo a espada y, cuando lo vi en la pantalla, dije: «Has cortado el momento más divertido de toda la película: una reacción lenta que tuve durante la pelea». El montador dijo: «Ya lo sé. Tienes razón. Habría sido el momento más divertido de la película, pero esa reacción duraba cinco segundos. La escena está al final de la película, cuando está tomando todo el impulso final. No podemos permitirnos interrumpir la acción tanto tiempo, por maravilloso que sea ese momento aislado. No es posible reducir la marcha al final de una comedia». Volvió a pasarme el duelo a espada para mostrarme dónde habría venido mi reacción, y tenía razón. Lamenté perder ese momento, pero estaba claro que tenía que eliminarse. Los montadores conocen su oficio y, sinceramente, no he pensado ni una sola vez en mi vida «bueno, si hubieran dejado ese momento en la película, me habrían dado un Oscar».

Pero independientemente de lo bueno que sea el montaje, nadie cuenta con la sala de montaje para sacarle de apuros. Los directores quieren que salga bien en el plató. Hay una anécdota sobre George Cukor —quien era implacable a la hora de conseguir que las cosas salieran como él quería— y Jack Lemmon. Jack había llegado a Hollywood procedente del teatro de Broadway y George lo estaba dirigiendo en su primer papel en el cine. Jack no paraba de repetir una escena, y George no paraba de decir: «Corten. Menos, Jack, menos». Y Jack volvía a hacerlo.

George: «Corten. Menos, Jack, menos».

Y Jack volvía a hacerlo.

George: «Corten. Menos, Jack, menos».

Jack dijo por fin: «Si hago menos todavía, no estaré haciendo nada».

George: «¡Ahora lo has comprendido!».

9

Sobre la condición de estrella

«Para ser una estrella de cine
tiene que inventarse
a sí mismo»

El estrellato en el cine no es necesario. Si hablo por mi propia experiencia, no hay mucho en él que sea recomendable. Pero ser un buen actor de cine es toda una aventura, y una aventura que le recomiendo con toda mi alma que emprenda.

Intento recordar cómo era ser el recién llegado. Una vez trabajé en una película en un papel de un día. El director me estaba explicando lo que quería que hiciera, cuando la estrella, que era decididamente bajita, se acercó a nosotros. Vino hacia mí, me miró al pecho y me increpó: «Estás despedido, chico». «¿Qué?» exclamó el director. El actor dijo: «Está despedido. Ve a recoger tu dinero, chico, y márchate a casa». No estaba dispuesto a que hubiera nadie en la película más alto que él. Ese antiguo poder de las estrellas sigue existiendo y, por desgracia, todavía se puede abusar de él.

Para ser una estrella de cine tiene que inventarse a sí mismo. Yo era un chico *cockney* y evidentemente no me ajustaba a la idea de nadie de lo que debe ser un actor, así que decidí combinar varios elementos que formaran un conjunto memorable. Me dejé ver en los lugares de moda llevando gafas y fumando un puro. Llegué a ser conocido como «ese tío que lleva gafas y fuma puros». Luego la gente empezó a decir: «Interpreta papeles de clase obrera». De repente yo era «ese actor de clase obrera que lleva gafas y fuma puros». Luego corrió la voz de que yo era bastante tratable, así que pasé a ser «ese actor de clase obrera con quien es fácil trabajar, que lleva gafas y fuma puros». Era la verdad, pero yo había montado esa verdad de forma bastante deliberada para que nadie pudiera pasarla por alto. Hice por mí mismo lo que los grandes estudios hacían antes por los actores que contrataban. Me creé una imagen. La imagen puede ser verdadera, falsa o a medio camino, pero hasta que no tienes una no existirá para el mundo del cine.

De hecho, intenté dirigir toda mi carrera como los grandes estudios hacían con sus actores. Hacía tantas películas al año como podía, para ganar experiencia. Si se queda sentado esperando «la gran oportunidad», cuando esa oportunidad por fin se presente no estará preparado para ella. No dispondrá de toda esa experiencia de segunda categoría que acaba por convertirse en una capacidad de primera categoría. Puede que a algunos les sorprenda saber que el éxito llega trabajando, no negociando, ni contando frases, ni calibrando títulos de crédito. Hágalo, hágalo, no espere más. Algunos actores muy buenos se quedan toda la vida en el banquillo esperando el papel adecuado. Haga de cada papel el papel que estaba usted esperando. Aprenda a tener la confianza que solo puede adquirir poniéndose en la línea de tiro. La confianza produce relajación. La relajación le ayuda a disponer de todos sus recursos para satisfacer las exigencias de su papel. Y cuando el gran papel llegue por fin, necesitará el cien por cien de lo que tiene que ofrecer. No se quede corto en un veinticinco por ciento; no se quede corto en un uno por ciento. Esté completamente abierto para cualquier desafío que se cruce en su camino, dominando por completo su oficio, su material, su propia persona.

Una estrella tiene determinadas obligaciones. El dinero para hacer una película se consigue a menudo con la garantía de su nombre y la expectativa de su presencia continua y fiable. Va a ser la responsable de cualquier escena en la que participe. Esto no quiere decir que quiera acaparar su escena. La gente se ha acercado a mí en un plató y me ha dicho: «¿Has visto cómo ese actor secundario te robó la escena de ayer?». Y no me queda más que responder: «Gracias a Dios que lo hizo. Al menos son cinco minutos de los que no soy responsable».

Las obligaciones continúan además fuera del plató, con entrevistas, apariciones públicas, promoción. Yo hago todo eso porque es parte del trabajo. Actuar significa comunicar. Si nadie sabe que la película se va a estrenar, no habrá conseguido comunicar. Así que son necesarios los mismos criterios de formalidad, buen humor y puntualidad para las obligaciones fuera del plató (y por lo general podrá deducir los gastos). Las cartas de los admiradores también son importantes. Yo no contesto personalmente a todas las cartas porque eso sería imposible. Pero sí que firmo todas las fotos: no tengo un secretario que imite mi firma. Hay algunas estrellas que se niegan temperamentalmente a hacer cualquier promoción fuera del plató, pero los únicos actores que se salen con la suya en este particular consiguen tanta publicidad por no cooperar que la productora probablemente esté igual de contenta de que se nieguen a hacerlo.

El temperamento generalmente procede de la inseguridad. Las auténticas estrellas no son inseguras. Dicen lo que quieren y por lo general lo consiguen. Yo llamo a los temperamentales las personas «casi»: casi saben actuar, casi se saben su papel, llegan casi a la hora, son casi estrellas.

La mitad de mi energía como protagonista masculino de una película la dedico a reducir las tensiones. Eres quien marca el tono en el plató. Y cuando eres el protagonista, siempre le enviarán para conseguir sacar a la protagonista femenina del camerino cuando se niegue a venir. Todo el mundo dice: «No puedo convencerla de que salga. Michael, ve tú y hazla salir». Probablemente esté todavía allí porque su peinado no está bien o no le guste demasiado el director. Muy pocas protagonistas femeninas tienen que sacar al protagonista masculino de su camerino.

Yo siempre intento tener una buena relación con mi actriz protagonista. Pero eso es todo. No debe tener nunca un enredo sentimental con ella. Eso le debilita y debilita la película. Si quiere ser una estrella de cine, tiene que estar hecho de una clase especial de acero.

Yo elijo un guion porque el papel es bueno para mí y porque es distinto del último papel que he hecho.

Busco un desafío interpretativo. Pero a medida que me hago más viejo, también estoy mucho más interesado en las circunstancias en las que se va a rodar una película. ¿Va a ser una pequeña película de bajo presupuesto que nos obligará a vivir en cabañas de barro en Tanzania? ¿O nos van a alojar en el George V en París? Antes nunca me fijaba en este aspecto de la realización de una película. Una vez me pasé veintiséis semanas en una selva filipina que, retrospectivamente, muy bien podría haber sido el ala tropical del Jardín Botánico de Kew sin que se hubiera notado ninguna diferencia. En la selva no se ve el cielo, ni se ve el paisaje. Lo único que ves es la selva. Vivimos durante veintiséis semanas en un burdel en construcción. Las habitaciones estaban pensadas para ser usadas durante veinte minutos cada vez y amuebladas en consonancia. Veintiséis semanas en aquellas habitaciones. Y no había ni una sola chica en ninguna de ellas. Después de esa experiencia, hice *El mago* sin haber leído el guion, porque en enero hace muy mal tiempo en Inglaterra y con ella conseguiría pasar unas cuantas semanas en el sur de Francia. Esa elección resultó ser un pequeño error por varios motivos, pero en lo referente al clima el éxito fue rotundo. Cierro rápidamente un guion si empieza diciendo: «Alaska: nuestro héroe avanza dando traspiés en medio de la ventisca...».

Es mucho más difícil actuar en una mala película que en una buena. Un guion terrible hace la actuación muy difícil. Pero puedes ganar un Oscar por una de las actuaciones más fáciles de tu carrera, que ha sido posible gracias a un guion genial. Debería haber un premio por triunfar contra todas las probabilidades. Pero no hay nada absolutamente seguro en este mundo; siempre estás corriendo un riesgo. A primera vista, *La huella* (originalmente una obra teatral de gran éxito), que protagonizamos Laurence Olivier y yo, parecía prometedora; pero era una película a cuatro manos, y ninguna película con solo dos actores había recaudado nunca dinero... es decir, hasta que se estrenó *La huella*.

Cuando me analizo como actor de cine, creo que parte de mi atractivo reside en que no soy el típico ganador. Si pone a Sean Connery o a Charles Bronson en la pantalla, sabrá que van a ganar. Pero yo tengo el aire de un perdedor y con frecuencia he interpretado a perdedores en las películas. Me pasé una buena parte de mi vida siendo un perdedor, lo que en mi opinión añade una dimensión interesante a mi personalidad. Es importante comprender qué es lo que usted transmite. Y no debes pasar por alto o ignorar los cambios que se producen. Cuando estaba en la cúspide de mi edad mediana me enviaron un guion y lo devolví, diciendo que el papel no era lo bastante grande. Me llamaron por teléfono para decirme: «No queremos que interpretes al galán romántico; estábamos pensando en ti para el padre». Lo cierto es que disfruto haciéndome mayor. Es mucho más fácil para los actores que para las actrices. Todos los mejores papeles para un actor de mi estilo son de hombres maduros. Estoy madurando y los papeles maduran conmigo, como les ocurrió a George C. Scott y a Lee Marvin. Mis años de madurez están resultando ser los mejores, porque me están dando papeles más sustanciosos. Estoy bastante contento de haber acabado con la otra parte.

Hollywood está dividido socialmente en el equipo A, el equipo B, el equipo C y el equipo Divertido. En el equipo A solo hay un puñado de personas: Redford, Eastwood, Stallone y unos cuantos jefes de estudios. Yo no pertenezco a ese grupo. Esa gente no se mezcla con el equipo B o el equipo C, por la sencilla razón de que no quieren que les pidan trabajo. Pero sí que se mezclan con el equipo Divertido. Yo estoy en el equipo Divertido. Me invitan a cenar porque soy razonablemente divertido, tengo una mujer excepcionalmente hermosa e inteligente y el buen sentido de no pedir trabajo. Pero si estuviera en el equipo B, que es el que me correspondería si no formara parte del equipo Divertido, no me invitarían.

Otras estrellas pueden ser útiles fuentes de consejos. Peter Finch me dijo que tardó treinta años en darse cuenta de que no tienes que prestar oídos a la opinión de nadie en la comida. Yo confirmo totalmente esa opinión. Eddy Robinson, que era íntimo amigo mío, solía aconsejarme que comprara cuadros. Cuando murió, su colección valía millones. Y Peter O'Toole me dijo que no interpretara papeles pequeños, ni siquiera en las películas que iban a ser muy difundidas, porque eso me convertiría en un actor de papeles pequeños. Me aconsejó que interpretara papeles protagonistas donde fuera —en guiones de tres al cuarto, si hacía falta— pero que interpretara papeles protagonistas.

No soy competitivo. No considero el estrellato o la actuación una especie de competición. Montgomery Clift dijo una vez que estar celoso de otro actor era el mayor cumplido que podías hacerle. A Clift le parecía saludable detestar a otro actor por su interpretación, porque era como decir: «Me gustaría haber hecho eso». Yo no aconsejo a los actores que vean las cosas de esta manera. Es autodestructivo. Si usted es competitivo y no siempre está de buena racha, se amargará. Lo cierto es que soy bastante presumido en lo referente a este problema, porque me figuro que no hay competición: yo soy lo que soy, y o bien me necesitan tal y como soy o no soy el actor adecuado de todos modos.

Pero sentirme seguro no me hace inmune a la veneración por algunos grandes nombres de la industria. Cuando estaba haciendo *El enjambre,* mi personaje tenía que pronunciar un discurso sobre la supervivencia a un grupo reunido en una base de misiles cerca de Houston, Texas. Estaba en mitad de mi discurso cuando de repente cobré conciencia del público que me escuchaba: Henry Fonda, Olivia de Havilland, Fred MacMurray, Richard Widmark. Me quedé de piedra. Estos no eran actores: eran leyendas. Pocas veces me quedo en blanco, pero estar en presencia de toda esa historia del cine fue demasiado para mí.

Pensando en mi futuro en esta industria, creo que con el tiempo me gustaría dirigir, pero no todavía. Un director empieza a trabajar en una película tres meses antes del comienzo del rodaje y sigue trabajando en ella cuatro meses después del final del rodaje. En el tiempo que un director necesita para hacer una película, alguien como yo, que actúa mucho en el cine, podría haber hecho cuatro. Así que una de las razones por las que no dirijo es simple: el dinero.

Y al fin y al cabo, creo que sabré cuándo abandonar la interpretación y empezar a dirigir porque para mí es fácil darme cuenta de si sigues siendo una estrella o estás ya declinando. Si soy una estrella, me envían un guion y dicen: «Ya sabemos que el protagonista es un enano australiano, pero lo cambiaremos un poco». Si estoy en declive, dirán que soy demasiado bajito para actuar en *La historia de Michael Caine*. Puede que entonces me dedique a dirigir.

Nota de la editora

Este libro se ha basado en parte en la transcripción de las ideas de Michael Caine, tal y como las expuso en un curso grabado de dos días sobre la actuación cinematográfica, producido para la televisión por Dramatis Personae Ltd. en colaboración con la BBC.

El vídeo *Actuar para el cine* forma parte de una serie de clases magistrales que muestran técnicas prácticas de actuación. Cada episodio se ocupa de un medio distinto (por ejemplo, la ópera o el cine) o de un tipo particular de drama (como la comedia de la época de la Restauración o la farsa). Cada clase la imparte un maestro reconocido del género. El maestro discute y ensaya escenas de guiones con un pequeño grupo de actores. Un público invitado observa la evolución del trabajo y tiene la oportunidad de hacer preguntas. Los vídeos de los programas de la Serie de Actuación están a disposición del público y han sido concebidos para ser consultados bien por separado o bien en combinación con los libros.

Gracias en primer lugar a Michael Caine, el maestro de *Actuar para el cine*, y a la clase que dirigió. La clase estaba formada por actores británicos de talento: Simon Cutter, Celia Imrie, Mark Jefferies, Ian Redford y Shirin Taylor. Los productores de Dramatis Personae fuimos Nathan Silver, mi socio, y yo misma. David G. Croft fue nuestro coproductor de la BBC y director del programa, que aportó todas las técnicas de las que carecíamos. Gracias muy especialmente al National Film Archive London, Theo Cowan y Jerry Pam. Nuestro editor, Glenn Young, de Applause Theatre Books, tuvo la perspicacia de ver que la serie tenía que ser hecha en libros/vídeos individuales y nos ofreció inestimables consejos para su publicación.

—MARIA AITKEN

Biografía

Michael Caine, Maurice Joseph Micklewhite, nació en el sur de Londres un 14 de marzo. Su padre era costalero del mercado de pescado de Billingsgate, y su madre limpiaba casas. Eran pobres y vivían en un apartamento de dos habitaciones con luz de gas, hasta que el Blitz les obligó a evacuarlo junto a su hermano pequeño, Stanley, a una granja segura en Norfolk. Después de la guerra, cuando Michael tenía doce años, la familia se mudó a una casa prefabricada en el East End de Londres.

Se negó a aceptar las expectativas de su familia de que se dedicara a cargar pescado. Dejó el colegio a los dieciséis años y trabajó en numerosos pequeños empleos, hasta que el servicio militar con los Fusileros Reales lo llevó a Corea. Al licenciarse dedicaba los días al trabajo manual, pero pasaba las tardes estudiando interpretación. Su primer trabajo en el teatro fue como ayudante del regidor de escena en Horsham, Sussex, y pronto consiguió pasarse al Teatro de Repertorio Lowestoft en Suffolk como galán joven. Allí se casó con la primera actriz, Patricia Haines, pero se separó dos años después.

Patricia Haines ya ha fallecido. Tuvieron una hija, Dominique (a la que llaman Niki), ahora casada, con la que disfruta de una estrecha relación.

La confianza en sí mismo y el cambio de nombre por el de Michael Caine (como le apodaban por una palabra de *El motín del Caine*, que le llamó la atención en un cartel de cine) lo animaron a trasladarse a Londres, donde actuó con el Taller de Teatro de Joan Littlewood. Interpretó un pequeño papel en la película *A Hill in Korea* y consiguió papeles secundarios en otras películas y papeles de figurante en un par de obras teatrales en el West End.

Mientras recorría Gran Bretaña con una compañía de repertorio tras otra, desarrolló una presencia escénica relajada y perfeccionó una enorme variedad de acentos. En los cinco años siguientes, actuó en más de cien dramas televisivos y se convirtió en un rostro familiar pero anónimo para millones de personas. Fueron años de penurias, compartidos con sus compañeros de piso, Terence Stamp y el compositor John Barry.

A continuación trabajó de suplente de Peter O'Toole en el papel del soldado Bamforth en el éxito teatral de Londres *The Long, The Short And The Tall*, y cuando O'Toole se marchó, Caine lo sustituyó y estuvo seis meses de gira por provincias. Después de esto, sus papeles en la televisión y en el cine se volvieron más sustanciosos.

El momento decisivo para su carrera cinematográfica le llegó a los treinta años, en 1963, cuando le dieron el papel del inútil y aristocrático teniente Gonville Bromhead en la producción de Joseph E. Levine *Zulú*. El papel estaba escrito como si el personaje fuera un perfecto imbécil, pero él lo interpretó de principio a fin como un hombre que era débil pero que al menos se creía fuerte. Convirtió este papel secundario en un papel estelar y, en opinión de la crítica, robó todos los aplausos.

El fin del anonimato fue su siguiente interpretación de Marry Palmer, el antihéroe simpático pero lento de mollera del *thriller* de espionaje *Ipcress*, que superó todas las expectativas en taquilla. Su estilo contenido de actuación fue elogiado una vez más por la crítica.

En 1966, *Alfie* lo catapultó al superestrellato al interpretar a un *cockney* golfo y mujeriego con inocencia y descaro. En la votación anual de los críticos de cine británicos fue votada como la mejor película del año. *Alfie* también le consiguió su primera nominación al Oscar y el Premio de la Crítica de Nueva York al mejor actor. A finales de los sesenta hizo *Ladrona por amor* con Shirley Maclaine; *Funeral en Berlín, El cerebro de un billón de dólares, La noche deseada,* dirigidas por Otto Preminger; *Siete veces mujer* para Vittorio De Sica; *Angustia mortal, Un trabajo en Italia* y *La batalla de Inglaterra.* Interpretó un papel estelar en *Comando en el mar de China*, de Robert Aldrich, e inmediatamente después empezó a trabajar en *El último valle*, para James Clavell.

En los años setenta actuó con Elizabeth Taylor en *X, Y & Zee: Salvaje y peligrosa*; con Mickey Rooney y Lizabeth Scott en *Historias peligrosas*; con Laurence Olivier en *La huella*, por el que le concedieron su segunda nominación al Oscar; con Sidney Poitier en *La conspiración*; con Glenda Jackson en *Una inglesa romántica;* con Sean Connery en *El hombre que pudo reinar*; con James Caan y Elliott Gould en *Harry y Walter van a*

Nueva York; con Maggie Smith en *California Suite*, y con Henry Fends, Olivia de Havilland y Richard Widmark en *El enjambre*.

Hizo veintiún películas en los años ochenta, entre ellas *Vestida para matar* (dirigida por Brian de Palma); *Evasión o victoria* (John Huston); *La mano* (Oliver Stone); *Trampa mortal* (Sidney Lumet); *Educando a Rita* (Lewis Gilbert), por la que ganó el Globo de Oro al mejor actor y recibió su tercera nominación al Oscar; *Lío en Río* (Stanley Donen); *El pacto de Berlín* (John Frankenheimer); *Hannah y sus hermanas* (Woody Allen), por la que ganó el Oscar al mejor actor secundario; *Dulce libertad* (Alan Alda) y *Un par de seductores* (Frank Oz), por la que fue galardonado con el Globo de Oro al mejor actor de comedia.

En los noventa ganó su segundo Oscar a mejor actor secundario por *Las normas de la casa de la sidra* (1999) y otro Globo de Oro más por la película inglesa *Little voices*. Participó en otras dieciséis películas.

Desde el año 2000 ha participado en casi cuarenta películas, incluidas el remake de *La huella* (2007), las películas de Batman dirigidas por Christopher Nolan o *Youth* (2015), de Paolo Sorrentino. A día de hoy sigue en activo.

Regresó a la televisión por primera vez en más de veinte años en 1986, para protagonizar la miniserie de cuatro horas *Jack el destripador*, que tuvo los índices de audiencia más altos de la historia de Gran Bretaña para un drama televisivo.

Con su socio —el destacado productor americano Martin Bregman— fundó en 1992 una productora de cine, M & M Productions, para hacer películas en Gran

Bretaña que fueran dirigidas o protagonizadas por Michael Caine. Su primera produccción es *Seducción peligrosa,* coprotagonizada con Sean Young y dirigida por Russell Mulcahy.

En las conmemoraciones del cumpleaños de la reina de 1992, le fue concedida la Orden del Imperio Británico.

Su último libro de memorias es *La gran vida*, traducido por Fulgencio Pimentel en 2019.

recetas y con la posibilidad de obtener también una buena diversión. En Plot llevamos desde 1987 buscando libros para editar que nos hagan sentirnos orgullosos de una labor editorial totalmente vocacional. Nuestro sello nace en una sobremesa familiar en un verano más en El Pimpollar y nos permite desde entonces ser accionistas y hermanos y hermanarnos con todos los que gustan de libros diferentes y buenos. Ahora, tantos años después, seguimos disfrutando de esta labor e intentamos hacer de cada libro un objeto que acompañe al lector para siempre, o digno de ser regalado a una amistad distinguida. Desde Plot Ediciones esperamos que haya aprendido cosas útiles sobre la vida y la actuación en Actuar para el cine y que, además de acompañarle antes de enfrentarse a la cámara, le haya permitido disfrutar de muchas películas. Deseamos que, durante los días en los que este libro le haya acompañado en la mesilla, escuchara las palabras de Michael Caine cuando dice que «un actor de cine tiene que ser capaz de soñar los sueños de otra persona antes de poder considerar ese personaje como propio». Deseamos que haya llevado a este libro a conocer su rutina y que haya disfrutado del tiempo dedicado a su lectura. Le animamos a que recomiende Actuar para el cine a otros lectores que puedan gustar de su compañía o que necesiten algunos consejos antes de emprender su carrera hacia el estrellato. Aunque nos gustan las historias en papel y los libros que llenan estanterías, queremos animarle también a que nos visite en nuestra web plotediciones.es, donde puede conocer el resto de nuestro catálogo, y nos siga en nuestras redes sociales donde encontrará nuestros libros y actividades. Desde estas plataformas y nuestro correo electrónico hola@plotediciones.es puede ponerse en contacto con nosotros para hacernos llegar opiniones y sugerencias sobre este título, cualquiera que le haya interesado de nuestra editorial o contarnos qué libros cree que nos podrían apasionar. Puede buscar en qué librerías están presentes nuestros libros a través de todostuslibros.com, el portal de las librerías independientes de España, y le animamos a usarlo para reseñar sus libros favoritos, conocer librerías cercanas a usted, y visitarlas con frecuencia. Valoramos cualquier advertencia sobre erratas o errores para futuras ediciones porque, aunque dedicamos muchos recursos y tiempo en evitarlos, los errores son parte de cualquier historia y pueden aparecer en cualquier esquina. Igualmente, queremos advertir de que las características de la edición resumidas en estas páginas de créditos corresponden a la primera edición del libro en el presente formato y que pueden sufrir pequeños cambios para acomodarse a los procesos de producción, siempre en continua evolución. Si, por cualquier razón, considerara que el libro presenta defectos de fabricación, le animamos a enviarnos una foto y una copia del ticket de compra para evitar que vuelvan a reproducirse. Sabemos que, si este libro se adquirió en una librería independiente o se tomó en préstamo en una biblioteca, habrá contribuido además al mantenimiento de la red de espacios de divulgación cultural tan fundamentales en nuestras comunidades y a las que le animamos a acercarse e implicarse, porque la literatura y la cultura están más vivas cuanto más cerca participemos de ellas. Esperamos que haya disfrutado de la cordialidad inglesa de este libro y que sea parte de su biblioteca durante mucho tiempo.